# Le calvaire sécuritaire

Antoine Boitel

# Le calvaire sécuritaire

## Les Jeux olympiques de Paris et l'avenir de la sécurité en France

Éditions de L'Observatoire

ISBN : 979-10-329-3091-5
Dépôt légal : 2024, mai

170 *bis*, boulevard du Montparnasse, 75014 Paris

*Introduction*

# 2024, les Jeux olympiques de Paris et l'avenir de la sécurité en France

Les Jeux olympiques de 2024 à Paris promettent d'être un événement sans précédent, non seulement sur le plan sportif et de la camaraderie internationale, mais aussi comme un prisme à travers lequel les défis contemporains et futurs de la sécurité en France seront intensément réfractés. Alors que le pays se prépare à accueillir des athlètes, des officiels et des visiteurs du monde entier, la question de la sûreté s'impose avec une acuité particulière, mettant en lumière la complexité de l'organisation d'un tel rendez-vous dans le contexte actuel des menaces terroristes et activistes. Cette préparation se révèle être une gageure, un défi colossal où chaque aspect, de la logistique à la coordination interagences, est scruté sous le microscope de l'urgence et de l'efficacité.

Cependant, au-delà de l'événement lui-même, se profile une question plus vaste et pérenne : celle de la continuité sécuritaire en France, dans le plein sillage des Jeux. En effet, les stratégies, technologies et méthodes déployées pour garantir la sécurité des JO pourraient bien inaugurer une nouvelle ère de politiques de sécurité dans le pays, marquant un tournant vers ce que certains pourraient qualifier de « surveillance hyperbolique ». Ce potentiel héritage des Jeux, avec ses implications pour la vie quotidienne des citoyens et pour la conception même de la liberté et de la sûreté, invite à une réflexion approfondie sur l'équilibre entre sécurité et libertés individuelles dans notre société démocratique.

Ainsi, à travers le prisme des Jeux olympiques de 2024, ce livre explore non seulement les défis immédiats de la sécurité d'un des plus grands rassemblements sportifs mondiaux, mais interroge également l'avenir de la surveillance, de la sécurité et de la liberté en France. Il invite le lecteur à considérer les Jeux non pas comme un événement isolé, mais comme un cataly-seur potentiel de changement, dont les réper-cussions pourraient bien redéfinir les contours de la société française.

# 1

# Les enjeux sécuritaires des Jeux olympiques de Paris

## L'élan olympique et ses contradictions

En décembre 2023, à l'occasion d'un édito sur Europe 1, la journaliste du *Figaro* Eugénie Bastié nous prévenait déjà : « Blasphémer contre la religion olympique, c'est comme de ne pas s'extasier devant les conseils de vie de Thomas Pesquet : c'est très mal vu. [...] Les Jeux étaient censés être une fête populaire, l'occasion de trinquer dans des bars avec des inconnus devant des sports inconnus... Ça risque de devenir une fête policière dans un Paris réquisitionné sur Airbnb, quadrillé par des militaires et des caméras. Bref, autour du Village olympique, ce sera plus la fête élitaire que le bal populaire. » Cette critique mordante met en évidence une contradiction significative dans la perception des Jeux, souvent idéalisés comme un moment de communion universelle. Il semble que, dans chaque conférence de presse, il se trouve toujours un communicant, un porte-parole, pour vous rappeler à l'ordre si vous posez une question qui fâche au sujet des JO. Écologie, sécurité, tourisme, logement : c'est que tout le monde est partenaire de quelque chose dans le cadre des Jeux olympiques ! Dès lors, chaque petite ligne écrite, chaque question posée peut faire froncer le sourcil du communicant si vous êtes suspecté d'apostasie, ou de sacrilège. Prudence !

Donc, pendant les Jeux, tout ira bien. Croyez-le, car sinon tout s'écroule. C'est peu ou prou le langage que tiennent les autorités chaque fois qu'un journaliste les interroge, et notamment au sujet de la cérémonie d'inauguration.

Un bel exemple de cette méthode Coué fut visible le 23 octobre 2023 sur le Champ-de-Mars, au pied de la tour Eiffel. Laurent Nuñez, préfet de police de Paris, ancien secrétaire d'État à l'Intérieur, décrit comme un « très proche » du président de la République, est là pour rassurer les journalistes : dans ce secteur hautement touristique, « tout phénomène de délinquance sera éradiqué » d'ici aux Jeux. Zéro délinquance, zéro tolérance ! Hélas, l'opération de communication prend très vite un tour comique. Arrivé quelques heures plus tôt, j'ai l'occasion de parler avec des policiers chargés de quadriller le secteur et de repousser loin de la conférence du préfet tout ce qu'ils peuvent trouver de vendeurs à la sauvette. Ils m'avertissent en ricanant : « Vous ne trouverez pas grand-chose, ça a fait comme des grandes volées de moineaux tout l'après-midi, les sauvettes et les délinquants se volatilisent quand on approche. » Pourtant, je n'ai qu'à marcher quelques dizaines de mètres en direction du Trocadéro (de l'autre côté de la Seine) pour trouver des joueurs de bonneteau, pas impressionnés le moins du monde. Ils se font d'ailleurs contrôler quelques minutes plus tard. Ce qui ne les contraint même pas à mettre fin à leur business. En repassant dans la soirée, je vois qu'ils ont remis leur jeu en place. Le comble : même une sortie médiatique du préfet de police, afin d'assurer les journalistes qu'il n'y aura plus de trafic, ne permet pas de l'interrompre durablement...

## Le Trocadéro et la tour Eiffel : des symboles sous surveillance

L'enjeu est pourtant de taille pour la préfecture de police, car la zone Trocadéro-Champ-de-Mars-tour Eiffel est précisément le point d'orgue du plan A et du plan B de la cérémonie d'inauguration du 26 juillet. Selon le plan A, les 115 bateaux transportant les athlètes, composant une « parade » nautique, doivent circuler sur six kilomètres, du pont d'Austerlitz à l'est au pont d'Iéna à l'ouest, c'est-à-dire précisément entre la tour Eiffel et le Trocadéro. Selon le plan B (en l'état de l'art en février 2024), en cas de risque terroriste accru, il serait finalement possible de ne plus assister qu'à une cérémonie statique au Trocadéro selon des fuites publiées dans *Le Canard enchaîné*. Par ailleurs, il est prévu de remettre des médailles aux athlètes, en plein air, sur le site du Trocadéro de manière quotidienne pendant toute la durée des Jeux... Le même journal évoque également, quelques semaines plus tard, une option très minimale avec une ouverture organisée au Village olympique.

Pour tous donc, c'est une évidence : la tour Eiffel sera l'emblème de la France, elle fera sa fierté. Sur le plan symbolique, c'est ici que tout se jouera. Le Stade de France, en Seine-Saint-Denis, pâlit en comparaison et n'est guère qu'une arène construite pour la Coupe du monde de football de 1998.

Alors soit, communions, espérons sincèrement que tout ira bien, que l'anticipation de nos services de sécurité intérieure aura permis d'éviter le pire. Certains experts que j'ai interrogés le pensent sincèrement, même si d'autres pointent depuis plusieurs années quelques défis. À commencer par les huiles de la sécurité intérieure, et ce dès les premières réunions de travail sur le sujet. Didier Lallement, ancien préfet de police de Paris, est connu pour n'avoir jamais approuvé l'idée de la parade nautique. Plusieurs sources sécuritaires qui ont participé à ces réunions précisent d'ailleurs que le célèbre préfet était initialement rejoint en ce sens par d'autres responsables politiques. L'une de ces sources m'explique : « Je me souviens très bien d'une discussion fin 2020 au cours de laquelle tout le monde disait que c'était une folie, notamment Valérie Pécresse [présidente de la région Île-de-France] et Frédéric Péchenard [ancien directeur général de la police nationale]. En fait, je ne me souviens pas d'une seule personne à cette réunion qui ait qualifié cela de bonne idée. Mais Hidalgo voulait cela, et bizarrement, c'est Emmanuel Macron qui a tranché en faveur de la cérémonie sur la Seine. Ils se sont manifestement mis d'accord tous les deux. »

Lors de ses interventions publiques devant les forces de l'ordre, Gérald Darmanin ne manque pas de rappeler avec une pointe d'humour : « Les JO, c'est tous les cent ans en France, et la cérémonie hors d'un stade, c'est tous les trois mille ans, puisque ça n'a jamais été fait. Cela tombe sur nous, pas de chance, surtout que nous avons d'autres défis sécuritaires de taille en 2023-2024... » Il évoque alors les commémorations du débarquement en Normandie et en Provence, la visite du pape, ainsi que la Coupe du monde de rugby, avant de souligner l'importance de rester vigilants face à la menace terroriste. Malgré une période de haute tension suite à l'attaque terroriste à Arras en octobre 2023, la France a discrètement abaissé son niveau de sécurité du plan Vigipirate de « Urgence attentat » à « Sécurité renforcée – Risque d'attentat » durant l'hiver, avant de la ramener au niveau le plus élevé au printemps après l'attentat de Moscou (« urgence attentat »). Selon des informations parues dans la presse en mars 2024, notamment dans un entretien accordé par Darmanin au *Journal du dimanche*, environ 5 000 personnes sont jugées susceptibles de représenter une menace terroriste sur le territoire national, dont 800 font l'objet d'une surveillance rapprochée. L'article souligne également la préoccupation des autorités concernant le rajeunissement des profils radicalisés, alors que d'anciens revenants de Daesh en Syrie commencent à être libérés de prison.

Quoi qu'il en soit, le ministre de l'Intérieur est pleinement engagé dans sa mission, conscient que le succès des Jeux est indissociable de son parcours politique. Lors des vœux 2024 adressés au syndicat de police Alliance, il a tenu à exprimer l'honneur que représente pour lui et pour les forces de l'ordre l'opportunité de contribuer à l'éclat de la France sur la scène internationale à travers ces Jeux. Un budget de 200 millions d'euros a été alloué à la sécurité, mobilisant jusqu'à 35 000 agents pour la parade d'inauguration et 45 000 pour l'ensemble de l'événement, soulignant l'ampleur de l'engagement des forces de sécurité intérieure pour garantir la réussite de cet événement d'envergure mondiale.

## Actuellement, au pied de la tour Eiffel...

J'ai eu l'opportunité d'explorer les questions de sécurité dans le secteur de la tour Eiffel lors de précédentes enquêtes journalistiques. Il est important de souligner la situation quotidienne au pied de la Dame de fer, car c'est cela que risquent de voir les touristes du monde entier. La période suivant le confinement dû à la Covid-19, en 2020, a marqué un tournant pour ce lieu, notamment avec l'installation de mineurs isolés reliés à des réseaux de trafic d'êtres humains en Algérie. Traditionnellement, dès le matin, des jeunes femmes de la communauté rom arpentent les allées du Champ-de-Mars pour faire signer de fausses pétitions destinées à des opérations de charité imaginaires en faveur du handicap. Elles accostent les touristes avec un « *scuse me, speak English ?* » caractéristique. Elles parviennent parfois à quémander quelques pièces. C'est l'ouverture du ballet de la journée.

Il s'accompagne d'une sarabande de vendeurs à la sauvette qui subsistent en bradant des tours Eiffel miniatures et des babioles en plastique. Entre dix heures du matin et midi, le touriste innocent et joueur pourra se faire délester de quelques centaines d'euros par les arnaqueurs du bonneteau, qui appartiennent également à la communauté rom. On peine à imaginer que les badauds puissent encore se faire avoir par ce petit tour auquel il est impossible de gagner (pour la simple raison que la balle en mousse rouge ne quitte jamais la paume du prestidigitateur), mais si les arnaqueurs opèrent tous les jours entre la tour Eiffel et le Trocadéro, c'est qu'il y a des victimes... Parmi celles qui portent plainte, certaines révèlent avoir perdu plusieurs milliers d'euros, m'ont assuré les policiers du secteur. Ces derniers connaissent bien les gentilles arnaqueuses à la pétition, ils les ont vues grandir parfois. Ils connaissent chaque guetteur et chaque patron du bonneteau. Ils connaissent par cœur la physionomie du site, comme un marin comprend la mer. Au premier coup d'œil, ils savent où ils vont trouver leurs « clients ». Ils insistent, inlassablement, pour évincer les vendeurs à la sauvette. Mais ils savent aussi que ces derniers assurent une étrange fonction de contrôle sur le site du Champ-de-Mars : lorsque des délinquants endurcis détroussent des touristes ou deviennent violents, les petits vendeurs clandestins de tours Eiffel n'hésitent pas à attraper le malandrin et à le maintenir au sol jusqu'à l'arrivée de la police. L'adjoint au tourisme de la Ville de Paris va même jusqu'à estimer qu'ils font « quasiment partie du paysage ». Pourtant, quand une opération spéciale est mise en place, les fonctionnaires peuvent aussi les contrôler à leur tour, saisir leur marchandise et les interpeller.

C'est le cas, en ce 23 octobre 2023. Les policiers sillonnent les allées, saisissent une centaine de kilos de tours miniatures et de cochonneries lumineuses. À l'occasion, pour faire plaisir aux journalistes, ils peuvent aussi soulever les plaques d'égout pour saisir des packs de bière ou d'eau que les vendeurs clandestins cachent en attendant le soir pour les vendre. Les caméras sont prêtes, le préfet arrive à la nuit tombée, la tour Eiffel clignote, les miniatures aussi, disposées en tas devant un camion de police. Un gradé écrase ostensiblement la marchandise illégale avec ses bottes. Il arrive aussi que ce soit les tuk-tuks illégaux qui fassent l'objet d'opérations de contrôles ciblés.

Laurent Nuñez s'adresse aux journalistes, il tient un discours très ferme dans lequel on retrouve aisément des éléments de langage récurrents dans la presse quand il est question du site exceptionnel qu'est la tour Eiffel, emblématique de la France : le préfet de police n'en peut plus d'entendre les expressions « coupe-gorge » et « océan vidé à la petite cuiller ». Pourtant, ce sont exactement les termes que choisissent les policiers interrogés en off dans les arrondissements alentour. Et pour cause : il y a effectivement une hausse de la criminalité dans ce quartier huppé... des viols, des vols, avec des délinquants qui se massacrent à coups de barre de fer et des policiers qui ont de plus en plus recours à leur arme à feu. Il faut préciser ici que, malgré les préconisations des acteurs de la sécurité dans l'arrondissement (élus ou fonctionnaires), une grande partie de cet immense parc est plongée dans l'obscurité la nuit, afin de ne pas gêner le biorythme des oiseaux...

Laurent Nuñez prie instamment ceux qui l'écoutent de penser à la belle fête que seront ces Jeux de Paris et de moins se soucier d'une délinquance qui va être « éradiquée ». De fait, quelques belles affaires sont réalisées par la police dans le quartier, notamment le démantèlement d'une organisation mafieuse pilotée depuis l'Algérie et qui s'adonnait à la traite d'êtres humains en exploitant les « mineurs isolés » (souvent « ni mineurs ni isolés », dit l'adage policier). Le principe est simple : les « misoles » détroussent les touristes en les agressant en groupe aux alentours du Trocadéro ou de la tour Eiffel, puis ils s'enfuient en direction du métro le plus proche. Ils vont se débarrasser du butin dans un autre quartier (comme Barbès, plus loin dans Paris), puis ils reviennent au point A et recommencent. En échange, ils reçoivent de l'argent ou de la drogue. Ils ont longtemps eu leur camp de base tout près du Trocadéro, sur des grilles d'aération de l'Aquarium de Paris avant d'en être délogés. L'enquête a permis l'interpellation de grosses têtes du réseau qui ont été placées en détention. Le problème a été repoussé... pendant un temps du moins, mais à la fin de l'année 2023, des policiers et des élus du secteur me signalent déjà que les mineurs étrangers non accompagnés sont de retour. Une nouvelle opération médiatique « zéro délinquance » est organisée en février 2024, notamment avec une prise de parole de la préfecture au conseil de Paris. Le journal *Le Parisien* titre alors : « Tour de vis sécuritaire au Champ-de-Mars », chiffres à l'appui, « 1 528 contrôles et 288 gardes à vue en un an ». La préfecture promet de faire « monter en puissance » les dispositifs déployés. Promis : tout sera impeccable lorsque le monde entier nous regardera. Lors d'une conférence à laquelle j'assiste au mois de mars 2024, Laurent Nuñez reprend le même ton mi-serein, mi-acide. Le journaliste Dominique Rizet, qui anime la matinée, s'en amuse et cherche à le piquer gentiment au vif avec ses questions agrémentées d'un « je sais bien que je vais réussir à vous mettre en colère ». Le préfet, habile, en sourit, mais au sujet de la « folie » de la cérémonie d'ouverture du 26 juillet, il lâche tout de même : « Certains ont surtout un avis politique et c'est assez agaçant. Tout est sujet à polémique en rapport avec les JO dorénavant, même le moindre arrêt d'une ligne de métro. Mais il y a les sujets politiques et les sujets techniques. Nous, on pense qu'on sait faire. On est un grand pays avec un savoir-faire, donc on va le faire. Évidemment que c'est compliqué, mais pour l'instant, tout le monde monte sur les bateaux. »

# 2

# La cérémonie d'ouverture : entre spectacle et verrouillage

## Faut-il rester à Paris pendant les JO ?

J'écris ces lignes en mars 2024. Il est toujours prévu que la cérémonie d'ouverture des Jeux olympiques se déroule en extérieur, avec une parade fluviale qui doit voir défiler une centaine de navires embarquant les délégations olympiques (plus de 10 000 athlètes) sur six kilomètres de Seine allant d'Austerlitz (à l'est) à la Tour Eiffel (à l'ouest). Selon ce schéma, il y aurait donc douze kilomètres de quais à sécuriser, puisqu'il y en a un de chaque côté du fleuve, sans compter ceux des îles Saint-Louis et de la Cité. Gérald Darmanin insiste devant les sénateurs en commission des lois sur le fait que « toutes les délégations ont accepté de défiler sur la Seine ». Un sondage Odoxa réalisé début

2024 pour Fiducial et *Le Figaro* montre que les Français sont de moins en moins favorables à cette option : seulement un sur deux pense dorénavant qu'il faut maintenir la parade fluviale. Le sondeur a même demandé aux répondants d'évaluer la menace : 39 % ont peur d'un kamikaze dans la foule, 37 % craignent un mouvement de foule, 32 % pensent à une attaque à l'arme blanche, et 18 % imaginent qu'un tireur pourrait passer à l'action. Juste derrière ces chiffres, on trouve l'attaque par drone qui inquiète 15 % des répondants, un petit point de pourcentage de plus que le colis piégé (14 %). Une source sécuritaire, sous couvert d'anonymat, ajoute : « Dans l'absolu, il suffit de crier *Allah Akbar* pour faire tomber cinquante personnes dans la Seine le jour de la cérémonie, rien qu'avec la voix, on peut faire des dommages. » Une autre source, ancien de la DGSE, me confie avoir déconseillé à toute sa famille d'être présente à Paris ce jour-là. Il ajoute : « J'ai vu comment les assaillants du 7 octobre tenaient leurs armes et les rechargeaient. C'étaient de vrais militaires entraînés. Nous n'avons jamais eu ce type d'assaillants en France. Il faut prier pour que ça n'arrive pas. »

## Et si la menace venait du ciel ?

Le drone, c'est la menace qu'évoque le professeur au Conservatoire national des arts et métiers Alain Bauer lors de son passage sur le plateau de l'émission *C dans l'air* sur France 5 en mai 2022. Le moins que l'on puisse dire, c'est que le célèbre criminologue ne mâche pas ses mots : « Je veux dire pour l'histoire, ici ce soir, que la cérémonie d'ouverture des JO 2024 est une folie criminelle. Voilà. (*silence sépulcral en plateau*) – Ah oui ? » tente l'animatrice. Et Bauer de clouer le cercueil : « Il n'y a rien qui, du point de vue de la sécurité et de la sûreté des athlètes, des organisateurs et du public, soit envisageable sous cette forme-là. [...] Il est impossible de sécuriser douze kilomètres au-dessus de Paris, sur la Seine dans ces conditions-là. [...] Un drone peut devenir un drone kamikaze et se faire exploser au milieu d'une foule ou sur la Seine, ce qui est encore pire qu'un mouvement de foule sur une berge, créant les conditions d'un désastre. Donc ce truc-là n'a aucun sens. Personne n'arrive à expliquer cela autrement que pour des raisons de communication. »

Pour en apprendre davantage au sujet des drones, on peut lire un ouvrage très intéressant publié en 2023 : *La Mort fantôme. L'assassinat ciblé comme arme de guerre*. Son auteur, le journaliste Guerric Poncet, y décrit notamment l'état de la menace sur les champs de bataille de l'armée française en opérations extérieures lorsqu'elle est confrontée à ces engins téléguidés. On y apprend entre autres que « les petits drones civils » constituent un véritable « cauchemar en gestation » du fait de leur démocratisation au cours des dernières années. Guerric Poncet cite un grand patron du contre-espionnage français interrogé en 2020 : « Aujourd'hui, nos barrières de protection sont encore en deux dimensions : nous dressons des périmètres autour des sites sensibles ou des personnalités à protéger, mais très rarement des bulles de protection anti-aériennes et anti-drones. » Il faut également imaginer que les petits drones peuvent embarquer tout type d'armement, allant du produit chimique à la grenade en passant par l'acide ou encore une petite charge d'explosif. Le mini-drone peut même prendre l'apparence de l'oiseau, voire de l'insecte. Il peut aussi voler en essaim de plusieurs dizaines, voire de centaines d'appareils. Guerric Poncet qualifie cette technique « d'arme fatale », dont l'objectif va être de saturer la stratégie de défense mise en place pour contrecarrer l'attaque. L'intelligence artificielle permet aux drones ainsi déployés de ne pas entrer en collision et, selon l'ouvrage, une vingtaine de milliers d'euros suffit à mettre cette offensive en place. Ce type de menace aérienne n'est donc pas à prendre à la légère.

Mais il existe un autre type d'appareil téléguidé : le drone sous-marin. L'objet est encore considéré comme un joujou de haute technologie, même s'il est possible d'en acquérir pour moins de 2 000 euros. Dans le cadre de cette fameuse parade fluviale, on ne peut toutefois pas écarter l'idée d'une offensive subaquatique, et ce sans même aller vers la haute technologie, l'engin explosif, sur le modèle de la mine sous-marine, dont le principe a été inventé au milieu du XIXe siècle. Devant tous ses dangers, la préfecture de police n'a pas le choix : même le réseau d'égouts et de catacombes parisien sera sécurisé en amont de la cérémonie d'ouverture. Sans QR code, personne ne passera dans la zone rouge de la parade nautique, et ce plusieurs jours avant l'événement.

## Mille dangers, et quelques préparatifs

Une source policière interrogée souligne le retard à l'allumage en ce début d'année 2024 : « Des personnes très bien placées à la préfecture de police de Paris s'inquiètent du manque de préparation pour la cérémonie d'ouverture. Même la brigade fluviale ne sait pas encore ce qu'elle va devoir faire, ni quel lieu elle va devoir sécuriser précisément. Ils ne sont même pas encore sûrs de savoir si la cérémonie sera sur la Seine ou pas, ni du volume d'effectif qui sera nécessaire. » Cette source sait cependant que de nouvelles embarcations ont été acquises par la brigade fluviale grâce à une enveloppe européenne qui a été débloquée à cet effet. La fluviale a également pensé à l'aspect subaquatique, mais demeure inquiète à ce sujet, selon la source policière, car dans la Seine, « quand on voit à deux mètres, c'est déjà très bien ». Les algues en suspension créent une obscurité presque totale pour la trentaine de plongeurs de la brigade, selon cette source. Ces derniers précisent, toujours selon la même source, que bien souvent, dans cette purée de pois, on ne perçoit pas un objet avant de le toucher.

La fluviale de la préfecture de police est une brigade dont la France peut être fière. Sa centaine de membres très bien entraînés est également bien dotée, notamment de sondeurs de recherche subaquatique, « mais la Seine est une telle décharge que ça sonne tout le temps », déplore la source policière. D'où l'inquiétude de certains membres de cette équipe qui savent que la menace existe, mais qui ne sont pas certains qu'ils pourront la détecter. Le Raid et la Fluviale multiplient les entraînements pour contrer toutes les attaques, ainsi que le signale le journal *Le Parisien* en mars 2024 qui a été gentiment invité à assister à un de ces *drills* sur le thème de la tuerie de masse à bord d'une barge d'athlètes. Le savoir-faire et le faire-savoir : la communication tourne à plein régime au printemps pour rassurer sur le niveau de préparation des forces engagées.

Une source sécuritaire influente tempère : « Non seulement on n'a pas le matériel nécessaire pour la menace sous-marine, mais du point de vue de la navigation, certains spécialistes ont mis très tôt en garde contre la cadence totalement irréaliste nécessaire pour faire naviguer plus de cent embarcations sur la Seine, qui est un fleuve difficile. »

Concernant la menace aérienne, les aéroports d'Orly et Roissy seront fermés toute cette journée, et il sera interdit de voler à moins de cent cinquante kilomètres de Paris entre dix-neuf heures et minuit. Pour ce qui est du sujet spécifique des drones, l'ouvrage de Guerric Poncet est à nouveau plein de ressources. Le journaliste rappelle que face aux drones, le fusil à ondes reste l'outil de brouillage privilégié sur les théâtres d'opérations extérieures, mais que nos militaires disposent parfois de fusils à pompe en dernier recours... un recours qui paraîtrait un peu hasardeux d'un point de vue opérationnel dans une foule comme celle attendue lors de la cérémonie d'ouverture des Jeux. Pour des événements comme celui-ci, les autorités ont plus classiquement recours à la technique de la « bulle blanche » selon l'auteur, c'est-à-dire un brouillage général de presque toutes les ondes Wi-Fi, Bluetooth et mobiles alentour, comme lors de la cérémonie du 14-Juillet auprès de la tribune présidentielle.

Il précise également que les autorités françaises ont développé un dispositif nommé « Parade » (protection déployable modulaire anti-drones) en vue des événements sportifs des années 2023 et 2024. En revanche, *Le Canard enchaîné* du

28 février assure que le fabricant du système Parade, c'est-à-dire Thales, qui a remporté l'appel d'offres de la direction générale de l'armement, affiche du retard dans sa livraison. Le palmipède assène : « À cause d'une guéguerre entre industriels, le système de lutte anti-drones déployé le jour de la parade nautique risque bien d'être inefficace [...] Les six premiers exemplaires qui devaient être livrés en avril 2023 ne sont prêts qu'à 80 %. » Interrogé par *Le Figaro TV*, le général Arnaud Bourguignon, chargé de la sécurisation aérienne des JO, dresse un bilan positif de l'exercice Coubertin LAD 2 (« lutte anti-drone ») au mois de mars 2024. Il rappelle que les forces bénéficieront de quatre systèmes anti-droniques différents, déployant notamment des drones anti-drones munis de filets. Il déclare également : « Le programme Parade a pris du retard dans son développement. Certes, il aurait été plus confortable pour nous de le voir livré il y a un an comme c'était prévu [...], mais, aujourd'hui, Parade répond à ce qu'on attend de lui et sera intégré au dispositif des Jeux olympiques. »

Les policiers et les gendarmes sont quant à eux équipés d'une « cinquantaine de fusils brouilleurs » et de « simples jumelles », selon

*Le Canard enchaîné*, qui ajoute que la préfecture de police dispose de deux dispositifs d'appoint « Radiant ». Il reste encore trois appareils acquis par l'armée, nommés Bassalt pour « basse altitude », qui ont été développés par Aéroports de Paris pour contrer le phénomène des spotters (des passionnés d'aviation qui photographient les aéronefs à proximité des aéroports) utilisant des drones, ainsi que les deux systèmes militaires Milad, présentés, dans cet article, comme « vieux » et « défaillants ».

Il existe encore la solution bourgeonnante du laser, qui permet de viser finement un aéronef de petite taille pour l'endommager ou le détruire ; mais dans un contexte de foule au sol, on peut imaginer les dégâts qui en résulteraient. Même problème pour le « drone intercepteur », un drone piloté par les autorités qui aurait pour mission kamikaze de foncer dans l'appareil ennemi. Enfin, grâce à des antennes puissantes, il est possible de brouiller ou de couper le signal GPS du drone belligérant. Mais encore une fois, cela comporte le danger de faire chuter l'engin dans une foule ; par ailleurs, les drones kamikazes peuvent être préprogrammés et ne pas avoir besoin du signal GPS pour atteindre leur cible.

Un fabricant de solutions de défense, rencontré au salon Milipol, propose à ce titre un dispositif similaire, monté sur un scooter afin de se déplacer rapidement et atteindre la zone critique. La puissance du message envoyé par l'antenne est telle que l'opérateur doit se protéger avec un équipement spécial pour l'actionner. « Si je laisse un steak à côté de l'antenne, il cuit en quelques minutes », m'a-t-il prévenu. Mais un concurrent souligne : « Ce dispositif ne fonctionne qu'avec les fréquences conventionnelles et connues, mais pour ramener l'appareil au sol, il faut trouver la bonne fréquence. Or, si l'engin est trafiqué... pas certain qu'on y arrive. » Et encore, une fois l'aéronef descendu sur la terre ferme, il faudra aussi que le déminage puisse opérer. Le fabricant répond : « Une fois que le drone est au sol, ce n'est plus ma responsabilité, moi, j'ai fait mon travail. »

## Le rêve des terroristes

Le défi évident de la cérémonie d'ouverture en plein air, que la parade fluviale soit conservée ou non, est qu'il s'agit d'un événement qui sera regardé par plusieurs milliards de téléspectateurs à travers le monde. C'est d'autant plus vrai que les Jeux de Tokyo (reportés d'un an) ont été en grande partie gâchés par l'épidémie de la Covid-19 en 2020. On peut s'attendre à un effet de rattrapage. On annonce trois heures de spectacle, entre défilé et performance artistique, mettant à l'honneur la musique, le cinéma et la gastronomie, le tout composé en une dizaine de tableaux. L'envie est grande d'assister à une fête qui viendrait réparer un réel abîmé par la violence de cette pandémie aussitôt suivie des deux guerres de haute intensité que sont le conflit russo-ukrainien et celui résultant de l'attaque terroriste du Hamas contre Israël. On peut aisément comprendre l'enjeu politique et diplomatique pour Emmanuel Macron de montrer la France sous son meilleur jour.

Interrogé à ce sujet, l'avocat et président du Centre de réflexion sur la sécurité intérieure Thibault de Montbrial analyse : « Ce dont il faut avoir conscience, c'est que non seulement les Jeux olympiques constituent l'événement le plus populaire de la planète, mais qu'il s'agit du seul événement auquel participent tous les pays du monde. Le pays organisateur devient donc le centre de l'attention, et chaque nation reçue arrive avec une délégation, des journalistes et du public. Ainsi, tout incident survenant pendant la compétition portera atteinte durablement à l'image du pays hôte. Mais la capacité à organiser sans fausse note un événement d'une telle ampleur va également conditionner le regard que les Français vont porter sur eux-mêmes pendant les années qui suivront. En cas de succès, ce sera bénéfique pour l'image du pays, mais dans le cas contraire, il en résultera une crise de confiance pour longtemps. Quel que soit le prisme d'analyse, l'enjeu est donc considérable. Il résulte de ce constat que tous les États et les entités non étatiques qui veulent nuire à la France pour une raison ou une autre auront intérêt à nous mettre en échec. Il va donc falloir s'attendre à tout, des manifestations sociales au terrorisme international. Tout doit être anticipé, du déploiement inopiné d'une banderole à l'action violente complexe menée directement ou organisée dans l'ombre par des États en opposition ouverte ou larvée avec la France. Il serait ainsi étonnant de ne pas voir la Russie tenter de nuire d'une manière ou d'une autre aux intérêts français cet été. »

Il précise encore : « Outre la France, Israël et les États-Unis sont les deux pays les plus exposés à la menace terroriste, en particulier islamiste.

Ces deux États ont un rapport pragmatique à la sécurité, et ils n'hésiteront pas une seconde à retirer leurs délégations de l'événement s'ils estiment que leur sécurité est compromise. » D'ailleurs, plus de 2 500 policiers étrangers seront présents à Paris pendant les Jeux pour « épauler » les forces françaises. Lors d'une conférence du CRSI en mars 2024, au cours de laquelle le préfet de police annonce que la menace islamiste contre la France se raffermit actuellement au Proche-Orient, avec la reformation de cellules qui veulent nous nuire (sans évoquer spécifiquement les JO, « mais ça va venir », précise-t-il), Thibault de Montbrial livre une autre analyse. Selon lui, il faudrait envisager dès maintenant la possibilité sérieuse qu'une entité étrangère comme la Russie pilote une attaque sous faux drapeau lors des Jeux, avec du matériel occidental récupéré sur le front ukrainien, comme un pied de nez. Il évoque spécifiquement le MANPAD, une sorte de bazooka anti-aérien portatif qui pourrait ainsi être détourné de son objectif initial.

Lors d'un entretien avec une sommité du renseignement en décembre 2022, je le questionne sur l'échéance olympique. Il me répond sans inquiétude : « Pour l'instant nous sommes confiants pour les JO, et nous sommes surtout concentrés sur les questions d'inflation et de réforme des retraites, sur le coût de la vie et les délestages énergétiques. Les Français sont davantage préoccupés par tout cela, et il y a aussi cette envie de profiter après la Covid, une envie de sortir. » J'ose lui demander s'il n'y a pas un certain retard à l'allumage, mais il réfute cette thèse : « On est encore dans les temps, et il y aura aussi des aspects technologiques nouveaux, avec les caméras, les drones. [...] Pour les services de renseignement, les JO ne sont pas encore un sujet du quotidien. Mais nous pouvons déjà relever des contestations environnementales de basse intensité pour le moment, notamment sur l'implantation de sites olympiques : les jardins d'Aubervilliers par exemple, ou sur le plateau de Saclay [...] Pour les JO, nous sommes surtout attentifs à la menace endogène, c'est-à-dire, pour vulgariser, l'attentat du pauvre, de type attaque à l'arme blanche ou au camion. Ces individus solitaires sont difficiles à identifier, mais dans 20 à 30 % des cas, ils ont des profils psychiatriques chargés [...] On estime que la menace a plutôt diminué au niveau de la voie publique par rapport aux années 2015-2016. La doctrine a évolué également : par exemple, les policiers primo-intervenants ne vont plus figer une situation en attendant des brigades spécialisées. Ils vont intervenir directement, et nous avons formé nos fonctionnaires au maniement d'armes plus puissantes également, comme des fusils d'assaut. Nous avons changé nos règles avec l'état d'urgence sécuritaire, nos textes ont changé. Nos doctrines, nos textes de loi et nos armes ont évolué. La France commence à avoir un certain savoir-faire en la matière. »

Lorsque je le questionne au sujet de la cérémonie d'ouverture, il me répond en administratif flegmatique : « C'est la direction du renseignement de la préfecture de police qui va gérer l'aspect renseignement, puisque c'est sa zone. Mais la logique est la suivante pour la PP : créer une sorte d'immense stade, comme les fan-zones. On va créer une grande bulle qui ira de Bercy à Trocadéro. Mais la ville doit pouvoir continuer à vivre pendant la cérémonie. Le préfet Ziad Khoury va devoir mettre tout cela en musique. D'une part l'État s'occupe du régalien, d'autre part les entreprises privées s'occupent des vérifications de billets, des palpations, etc. Concernant les embauches d'étudiants en formation accélérée pour venir grossir les rangs du privé, nous devons aussi nous poser la question de ce qu'il advient si trois cents étudiants décident de ne pas se lever un beau matin pour venir occuper cet emploi peu rémunéré... dans ce cas, on viendra probablement chercher la police et la gendarmerie pour remplir ce rôle [...] Nous avons appris qu'il ne fallait pas baisser la garde, mais nous restons confiants, nous avons aussi une culture de l'ordre en France, nous savons nous adapter également, ça va bien se passer. »

Ce que ne pouvait pas anticiper cette source, c'est que le préfet Ziad Khoury a été suspendu de son poste de coordinateur de la sécurité des JO en mars 2023 suite à des accusations de comportement déplacé à l'égard d'une femme en 2021. Thierry Mosimann, préfet du Calvados, a repris le poste en août 2023. Le timing de ce remplacement n'est pas idéal, et plus on approche de l'échéance olympique, plus on sent la crispation du pouvoir qui veut figer la hiérarchie. Il se murmure à Beauvau que certains hauts responsables auraient bien pris leur retraite ou changé de poste avant les JO, mais que par loyauté envers le président ou le ministre, ils ne l'ont pas fait. Au mois de janvier 2024, il a tout de même fallu changer quelques têtes très importantes pour la sécurité de la France : le directeur du renseignement intérieur (DGSI) Nicolas Lerner a été nommé à la DGSE en remplacement du directeur Bernard Émié, fragilisé à son poste par plusieurs revers de fortune. C'est donc l'étoile montante du monde des commissaires, Céline Berthon (précédemment adjointe au directeur de la police nationale Frédéric Veaux), qui est venue se substituer à Nicolas Lerner. En interne, on se veut rassurant là encore : la DGSI serait capable de se piloter toute seule, et Céline Berthon est une valeur sûre... Certes, mais est-ce bien le moment de changer ses chevaliers du renseignement ?

## Emmanuel Macron, président hésitant

La cérémonie d'ouverture, quoi qu'il en advienne, reflète une certaine fébrilité des autorités, qui savent mieux que quiconque que l'état de la menace terroriste demeure très élevé. Des zones d'exclusion ou de circulation restreinte sont créées dans la capitale pendant toute la durée des Jeux en s'appuyant sur la loi SILT du 30 octobre 2017 (loi relative à la sécurité intérieure et à la lutte contre le terrorisme), et à l'automne 2023 on annonce que les QR codes seront mis en place pour accéder à certains quartiers de Paris en véhicule. Puis, en mars 2024, on corrige le tir en évoquant de pudiques « laissez-passer » obtenus sur des « plateformes numériques » (comme si cette option était moins inquiétante en refoulant l'irritant souvenir de la Covid, alors qu'elle convoque les pires souvenirs de l'histoire du xx^e^ siècle). On décide tout d'abord de démonter une grande partie des boîtes des bouquinistes sur les quais de la Seine (ils pourraient en effet être utilisés comme cache d'explosifs et ils gâchent la vue pour la belle parade fluviale, donc ils doivent partir)... Puis le président la République estime finalement, le 13 février 2024, qu'il faut les conserver pour des raisons patrimoniales, réduisant l'espace des spectateurs sur les quais hauts. Surtout, la jauge des spectateurs admis dans la bulle de sécurité pour assister à la cérémonie est ramenée de deux millions (initialement) à 320 000 personnes à la fin du mois de janvier 2024, dont 100 000 sur les quais bas, près de la Seine et 220 000 avec des billets gratuits sur les quais hauts (« l'équivalent de quatre Stade de France », précise la note du ministre de l'Intérieur face au Sénat). À cela, il convient d'ajouter 50 000 personnes dans les fan-zones, mais aussi les spectateurs postés à leurs fenêtres (estimés à 200 000) tout le long de la parade et ceux qui veulent assister à l'événement depuis les terrasses avec vue. Le moindre petit mètre carré prend un tour magique. Les professionnels de l'immobilier alertent d'ailleurs les autorités en début d'année 2024 qu'il faudrait éventuellement s'enquérir de la solidité des balcons qui soutiennent rarement autant de monde et sont parfois suspendus au-dessus du vide depuis plusieurs siècles. Enfin, selon les recommandations de la préfecture, chaque propriétaire des quartiers concernés est censé s'enregistrer sur une plateforme numérique pour déclarer tous les invités participant à cette journée exceptionnelle. Laurent Nuñez le dit en audition au Sénat : « On veut pouvoir contrôler les personnes qui auront, y compris depuis chez elles, un visuel direct sur la Seine. » Les touristes qui louent un bien sur Airbnb avec vue sur la parade fluviale devront également s'inscrire sur la plateforme numérique idoine pour se rendre dans l'appartement loué. Ils apercevront peut-être dans le ciel les quatre hélicoptères du dispositif de sécurité, dont deux embarqueront des snipers... ce ne sera pas le moment de jouer avec une arme factice au balcon.

Le monde entier va regarder l'événement, et chaque voix dissidente en France saisit parfaitement l'enjeu de ce rendez-vous : de la moindre faction écologiste radicale (Dernière Rénovation et Extinction Rebellion en tête) aux pires groupes terroristes, en passant par toutes les organisations syndicales, y compris au sein des forces de sécurité intérieure. En janvier 2024, Alliance Police nationale dégaine quelques tracts et manifeste sa colère dans les rues de Paris avec une « journée noire » qui voit les policiers se rassembler devant l'Hôtel de Ville. Les allusions ne manquent pas leur cible : « Jeux olympiques, les policiers dans l'arène ! Déconsidérer les forces de l'ordre, un "Paris 2024" osé et perdu d'avance ! » Les fonctionnaires savent depuis plus d'un an qu'ils vont être privés de vacances d'été (ainsi que leurs enfants, surtout dans le cas des couples policiers), alors ils expriment leur mécontentement. Quelques jours plus tard, le matin même des vœux du bloc Alliance/UNSA, le ministre de l'Intérieur annonce un beau paquet de mesures qui leur sont favorables, y compris des avancées pour l'été, avec une prime pouvant aller jusqu'à 1 900 euros et des jours de congés à poser entre juin et septembre, ainsi qu'un assouplissement à la marge pour les congés des couples de fonctionnaires.

Mais les policiers municipaux de la Ville de Paris ont également capté le message, et ils réitèrent leur appel du pied : leurs conditions de travail, leurs rémunérations et leurs retraites sont trop faibles (elles sont effectivement majoritairement plus faibles que celles de leurs camarades de la police nationale). Forts d'un préavis de grève courant jusqu'à la fin des JO, leurs responsables syndicaux, UNSA et FO en tête, annoncent à plusieurs reprises qu'ils n'hésiteront pas à perturber la petite fête en se mettant en arrêt de travail général si jamais on devait leur opposer une fin de non-recevoir : « Nous ne sommes pas un service d'urgence, nous pouvons partir en vacances pendant l'été », rappellent-ils encore lors d'une manifestation en mars 2024. Ils me disent pourtant, lors d'une autre manifestation dans la cour intérieure de l'Hôtel de Ville, qu'ils tiennent à ce que les JO soient une réussite, et ils le pensent sincèrement. Seulement, comme toutes les formations syndicales de l'Hexagone, ils savent que c'est le moment ou jamais. C'est d'autant plus vrai que l'État compte désormais la police municipale comme une force à part entière sur laquelle il peut s'appuyer dans le cadre de sa logique du continuum de sécurité. Après des mobilisations sociales fortes, ils obtiennent d'ailleurs un geste de la mairie centrale de Paris sur les primes de JO. Les syndicats de la RATP ne sont pas en reste, et annoncent aussi un préavis de grève jusqu'à l'automne... De quoi paralyser Paris !

Le gouvernement se mettrait-il à trembler ? Thibault de Montbrial estime pour sa part que le tandem formé par Gérald Darmanin et Laurent Nuñez est très solide : « Le ministre de l'Intérieur accompagne le projet depuis déjà quatre ans, et le préfet de police est une sommité reconnue dans le domaine de la sécurité. Nos forces de sécurité intérieure sont massivement mobilisées. Nos unités d'intervention (GIGN, RAID, BRI PP) sont parmi les meilleures au monde. Les armées auront un rôle significatif. » Mais le président du CRSI ajoute : « La cérémonie d'ouverture est inédite : jamais un événement public d'une telle ampleur n'a été organisé. Emmanuel Macron l'a imposé contre l'ensemble des avis compétents en matière de sécurité. Il s'agit d'un pari qui conduira nécessairement à la personnalisation de la réussite ou l'échec de cette soirée. »

Une autre source déplore en off : « Tout le monde lui a dit que cette inauguration était une folie, mais il a décrété qu'on y arriverait. Il n'a aucune culture des questions de sécurité… Le plus étonnant, c'est qu'il n'ait pas évolué sur ces questions après sept années de pouvoir et avec des chiffres catastrophiques concernant la sécurité. »

Les différents changements de pied concernant la cérémonie d'ouverture illustrent assez bien cette hésitation au sommet du pouvoir. Un jour, la ministre des Sports annonce qu'il n'y a pas de plan B, mais « un plan A avec des plans *bis* », en cas de menace majeure. Puis, le président de la République la reprend de volée quelques jours plus tard en annonçant qu'il y a effectivement un plan B. Ensuite, en février, *Le Canard enchaîné* révèle qu'une réunion s'est tenue à l'Élysée sans Emmanuel Macron au cours de laquelle les plans B sont désormais évoqués sans tabou, notamment l'idée de faire une cérémonie d'ouverture statique au Trocadéro, mais pas au Stade de France… mais bientôt, on nous assure que ce sont des rumeurs de personnes mal informées, une cacophonie de trompettes mal embouchées. En février, une source sécuritaire m'assure qu'officiellement le plan B n'existe toujours pas et qu'il n'est pas discuté dans les hautes sphères du ministère de l'Intérieur. C'est peu ou prou ce que m'ont dit quelques semaines plus tôt des policiers qui connaissent bien les coulisses de l'hôtel de Beauvau : « plan B, connais pas ! »

Mais le plus étonnant dans cette affaire reste peut-être le caractère tardif d'une telle réunion et le manque de stabilité décisionnelle autour de l'événement. On peut s'entourer des meilleurs conseillers, nommer des valeurs sûres aux postes clefs, mais si la vue du capitaine du navire vacille au moindre grain en mer, le cap est perdu et la France passe de coq sportif à poulet sans tête. Là encore, l'échéance olympique vient souligner la situation de la France et révéler son fonctionnement : le président de la République règne sans partage et semble se soucier davantage des effets médiatiques que de la vie des Français... ce qui peut mener à quelques errements dans son entourage. Il faut bien saisir que tout un aréopage de conseillers, de secrétaires d'État et de ministres sont obsédés par leur désir de plaire à leur président : un bon SMS du patron et ils sont les rois du monde, une raclée sur WhatsApp et leur vie politique semble finie. Ainsi passe la gloire du monde.

Heureusement, pendant ce temps, les fonctionnaires fonctionnent, à l'instar des unités d'intervention qui ont su très tôt se partager le travail pour la cérémonie d'ouverture. Le groupe d'intervention de la gendarmerie (GIGN, 350 agents engagés) assure la sécurité des chefs d'État. Le RAID de la police nationale (200 agents engagés) sécurise la Seine et la brigade de recherche et d'investigation (BRI-PP, 100 agents engagés) s'occupe de la sécurisation terrestre. Les trois groupes d'élite se partagent ensuite les sites et villages olympiques pour toute la durée de la compétition. « Pour la première fois, une doctrine commune aux trois unités d'intervention », est-il précisé dans le document de synthèse des propos qu'a tenus Gérald Darmanin aux sénateurs sur la sécurisation des JO. Une fuite d'Europe 1 datée du 25 novembre 2022 est venue rappeler que la guéguerre entre les services n'était pas inconnue ni ignorée, mais qu'elle avait dûment été évitée par une réunion entre les chefs des trois unités d'élite. L'article de William Molinié le proclame dès l'introduction : « La guerre des chefs n'aura pas lieu. »

# 3

# Peut-on mettre tout un pays sous cloche ?

## La flamme olympique : un sujet inflammable

L'engouement populaire pour les Jeux n'est censé se profiler qu'avec le commencement du parcours de la flamme olympique en mai. Mais dès cette étape, il y a déjà des enjeux sécuritaires, comme le souligne Thibault de Montbrial interrogé en février 2024 : « Sur le fond, il ne faut pas se focaliser sur la cérémonie d'ouverture du 26 juillet. À partir du 8 mai, il faudra sécuriser le parcours de la flamme olympique à travers toute la France pendant cent dix jours. Pour mémoire, lors des JO de Londres en 2012, il s'est produit en moyenne un incident tous les quatre jours sur ce parcours. Il serait étonnant que nous ayons un taux d'incidents inférieur cette année en France. » Le parcours de la flamme olympique est justement le moment qu'attendent les organisateurs des Jeux pour « embarquer les Français », c'est-à-dire gagner leur approbation, car ils sont de moins en moins nombreux à chaque sondage à se déclarer favorables à la fièvre olympique, à peine un sur deux en février. Le programme de la flamme est chargé : 400 villes traversées, 65 villes étapes, tout cela sur trois mois. Comme pour le reste des Jeux, c'est la stratégie de la bulle de sécurité qui est retenue avec 100 agents des forces de sécurité intérieure qui se relaient en amont et en aval du parcours. Au plus près de la flamme, Gérald Darmanin précise qu'il y aura 18 policiers et gendarmes en civil pour assurer la « protection rapprochée » du relayeur, ainsi que le GIGN qui se tient « à proximité ».

Il faut aussi se figurer l'énorme travail d'analyse produit en amont par les services de renseignement, tels que la DGSI, qui doivent passer au crible tous les aspirants relayeurs de la flamme : 12 000 ont fait l'objet d'une enquête, et un peu plus d'une dizaine ont été recalés, selon les déclarations du ministre. Le SNEAS (service national des enquêtes administratives de sécurité) doit réaliser un million d'enquêtes administratives pour les Jeux, dont seulement 151 816 réalisées en mars 2024 selon le ministre. Cette partie du criblage a donné lieu à 715 avis d'incompatibilité, 10 fiches S et plusieurs dizaines d'obligations de quitter le territoire. Le service détaille encore que, pour l'arrivée de la flamme à Marseille, la fréquentation attendue est de 150 000 personnes, nécessitant la mobilisation de 5 000 agents.

Lors de ses prises de parole publiques, Gérald Darmanin pointe principalement la crainte de voir se manifester des militants du climat et de l'ultragauche. Le mode opératoire peut aller du sit-in à des moyens d'action plus violents. Des Gilets jaunes aux émeutes de l'été 2023 en passant par les manifestations des syndicalistes, des pompiers, des agriculteurs ou des zadistes anti-bassines, les sept années écoulées de la présidence d'Emmanuel Macron ne manquent pas d'exemples en matière de maintien de l'ordre, ni de son rétablissement, au cours desquels les policiers et les gendarmes ont été mis à rude épreuve. Le parcours de la flamme emporte tout autant de puissance symbolique que la cérémonie d'inauguration concoctée par Thomas Jolly, directeur artistique, et Thierry Reboul, directeur de la marque JO 2024.

## Qui protégera les touristes hors de Paris ?

Si la focalisation médiatique est très logiquement braquée sur cette journée à haute tension, il ne faudrait pas oublier la suite des JO, ni le reste du territoire. Premièrement, comme je l'ai expliqué plus haut, la remise des médailles est prévue quotidiennement en plein air au Trocadéro, telle une réplique de moindre ampleur des défis de la cérémonie d'ouverture. Ensuite, il y a une quinzaine d'arènes de compétition dans Paris intra-muros... ce qui explique que les Parisiens sont instamment priés de cesser de vivre normalement dans leur ville pendant la durée des Jeux (éviter de se faire livrer, télétravailler au maximum, ne pas rouler sur les voies réservées aux délégations olympiques, et, dans l'idéal, partir en vacances). À l'inverse, Anne Hidalgo, la maire de Paris, prie ses administrés de rester dans leur ville pendant l'été : « Ne partez pas cet été, ce serait une connerie ! » exhorte-t-elle lors de l'inauguration de l'Adidas Arena (une salle de basketball située porte de la Chapelle, au nord de la capitale, destinée aux épreuves de badminton et de gymnastique). L'édile a justement été accueillie sur place par un groupe de manifestants en faveur des migrants qui scandait : « Pas de papiers, pas de JO ! »

Après le parcours de la flamme et la cérémonie d'ouverture, il faut donc continuer à sécuriser les JO. Problème : on ne peut pas placer un territoire entier sous cloche, et la stratégie de la bulle de sécurité comporte des limites, qui sont déjà mises à rude épreuve par le casse-tête de la parade fluviale, cette « folie criminelle », comme dit Alain Bauer. Il y a d'ailleurs quatre cérémonies à sécuriser en réalité, puisqu'une autre est prévue pour l'ouverture des Jeux paralympiques, place de la Concorde (une option « au rabais », peste un ancien athlète en fauteuil rencontré au détour d'une réunion sur le handicap), et il faut ajouter à cela les deux cérémonies de clôture qui se déroulent au Stade de France.

Surtout, ce ne sont pas que les « Jeux de Paris », de nombreuses autres villes participent à l'événement olympique, notamment Lille ou Nice, à chaque extrémité du territoire métropolitain, mais aussi Marseille, Lyon, Nantes, Saint-Étienne ou encore Châteauroux (où le maire décide de renoncer à une fan-zone et économise ainsi 800 000 euros). Que penseront les touristes de Bordeaux, où les crimes et délits ont augmenté de 25 % entre 2016 et 2019 ? Aimeront-ils Cannes, où l'augmentation de ces crimes est de 23 % ?

En région parisienne, le préfet de police, à qui échoit le temps des JO une zone à sécuriser plus étendue que d'habitude (toute l'Île-de-France au lieu de la petite couronne), enchaîne les opérations « zéro délinquance » depuis le mois de novembre 2022. La bulle de sécurité se prépare aux secousses d'un événement gargantuesque à tous points de vue. Les tribunaux eux-mêmes se tiennent prêts à une augmentation substantielle des mises à disposition ; toutefois, pour le reste du territoire, il semble plus délicat d'en faire autant. Rien qu'au niveau de l'Île-de-France, la présidente de la Région, Valérie Pécresse, aidée de l'ancien directeur général de la police, Frédéric Péchenard, a décidé de mettre en place des abris pour les victimes potentielles de la délinquance pendant les Jeux, « un lieu sûr pour toutes les victimes, accessible sept jours sur sept, vingt-quatre heures sur vingt-quatre ». Un communiqué de presse diffusé en mars, lors de l'inauguration de ce premier « *safe space* » à Saint-Ouen au siège de la région Île-de-France explique que « le harcèlement sexuel et les autres formes de violences et de harcèlement dans les lieux publics constituent un vécu quotidien pour les femmes et les filles dans le monde entier », mais ajoute aussitôt : « Avec les 12 millions de visiteurs attendus en Île-de-France pour les JOP 2024, la région Île-de-France multiplie ses actions et initiatives pour assurer la sécurité et l'accueil des victimes ». Ce « lieu d'écoute et d'accompagnement des victimes » propose les services d'une psychologue et d'une juriste de de l'association France Victimes dans le cadre d'un « dispositif 100 % pris en charge par la région Île-de-France » et « ouvert à tous les touristes internationaux pendant les JOP 2024 » avec un accueil dans plusieurs langues (anglais, espagnol, portugais, etc.). L'objectif de Valérie Pécresse est d'étendre le dispositif à travers tout le dispositif francilien dans « un millier de localités (cafés, restaurants, magasins…) afin d'avoir à terme un réseau dense de lieux sûrs en cas de danger, d'agression ou de harcèlement dans l'espace public ». La Région annonce également qu'elle va investir 140 000 euros par an dans le dispositif, qui sera adossé à un « lab de l'Abri », un « espace de rencontre des associations de défense des droits des femmes pour imaginer les actions de prévention et d'innovation de demain ». Lorsque j'interroge Valérie Pécresse, au mois de mars 2024, au sujet de l'accueil de l'État vis-à-vis des propositions de la région Île-de-France en matière de sécurité (notamment la sécurisation des lycées par des brigades régionales, les 80 000 nouvelles caméras et les mille recrutements de personnel de sécurité dans les transports), elle m'explique que l'État a tout d'abord cherché à lui opposer des recours auprès du tribunal administratif, avant de « vite, vite » retirer ces recours. Elle précise que ce sont les élus qui sont allés plaider la cause de ces nouveaux moyens auprès du préfet de région, Marc Guillaume. Une aide que Valérie Pécresse qualifie « d'indispensable, en complément des moyens de l'État ». Du reste, le centre de commandement CCOS, où se déroule le visionnage de ces 80 000 nouvelles caméras de vidéosurveillance dans les transports, se situe au sein même de la préfecture de police de Paris et a été construit en partenariat avec la Région.

Que ce soit pour les JO ou pour après, chacun dans son pré carré se saisit de la situation de crise que traversent les Français et cherche à proposer ses solutions. À cet égard, il est intéressant d'observer comment les pions sont placés sur l'échiquier en fonction des sensibilités de chacun. Devant l'aveu d'échec d'un État qui nomme son dispositif de sécurité « Quartiers de reconquête républicaine » tout en assurant que la police peut entrer dans tous les quartiers sensibles de France, certains imaginent déjà que le privé devra apporter la solution à l'avenir, d'autres ont recours aux collectivités territoriales. Mais de moins en moins d'acteurs semblent réticents à l'idée que l'État ne peut pas tout faire et qu'il a atteint ses limites. La montée en gamme des polices municipales, poussée par l'État qui veut leur confier la qualification d'officiers de police judiciaire et non plus seulement d'agent de police judiciaire adjoint, est particulièrement édifiante. En Île-de-France, des villes comme Asnières-sur-Seine par exemple choisissent de mettre les bouchées doubles sur les effectifs et les équipements, tandis que d'autres comme Villejuif (à l'occasion d'un changement politique radical en 2020) choisissent de supprimer de nombreux effectifs dans la police municipale par pure idéologie. Brigade cynophile, brigade de nuit, personnel affecté à la vidéosurveillance, pistolet à impulsion électrique, LBD : tout est détricoté en quelques semaines. Le résultat dramatique pour Villejuif, largement dénoncé par les associations de riverains et de commerçants, est que l'insécurité et le trafic de stupéfiants flambent. Pour les besoins d'un reportage sur place, une source policière m'assure même que le maire communiste a voulu retirer l'arme létale à ses agents, mais qu'il en a été empêché par le préfet du Val-de-Marne pour une petite raison qui pourrait paraître évidente : cette commune a déjà connu quatre événements liés au djihadisme depuis 2015, dont le meurtre d'Aurélie Châtelain par Sid-Ahmed Ghlam, surpris alors qu'il ciblait une église de la ville. Explication du maire PC Pierre Garzon en 2021, selon le journal *Le Parisien* : les armes des policiers génèreraient « un sentiment d'insécurité, de crainte ». Dont acte.

## Devant l'inquiétude : la création d'une bulle sécuritaire

Toute la longue période qui précède ces Jeux ressemble à une répétition générale. Les synthèses de police quotidiennes de certains services, comme celui de la police régionale des transports, font désormais figurer un compte à rebours en en-tête, comme un avertissement. Plus le temps passe, plus le phénomène olympique paraît prendre l'eau. Tous les syndicats semblent s'être donné le mot pour faire grève, les mises en examen et les enquêtes pleuvent au Comité d'organisation des JO (le parquet national financier s'intéresse à des prises illégales d'intérêt et à du favoritisme – présumés), des maires découvrent par hasard que leur ville va accueillir une épreuve, comme celui de Coubron en Seine-Saint-Denis, qui a appris en février de la bouche d'un collègue élu que la course cycliste paralympique allait traverser sa commune en septembre (en pleine rentrée scolaire), et les voyants sécuritaires ne sont pas vraiment au vert. Le ministère de l'Intérieur a même mis en place un Centre de renseignement olympique (CRO) qui produit des synthèses trois fois par jour. En plus des Jeux olympiques, paralympiques et des Olympiades culturelles, une olympiade de la sécurité se joue constamment en coulisses depuis déjà de longs mois.

Elle implique également les services de sécurité de l'étranger. Or ces derniers ne semblent pas totalement rassurés. Un franc-maçon de la très influente fraternelle La Reynie (le club du ministère de l'Intérieur) m'assure : « Pour les JO, les collègues de la direction de la coopération internationale de sécurité [la DCIS, qui regroupe police et gendarmerie] nous disent que les collègues étrangers ont peur pour leurs ressortissants l'année prochaine. Certains pays ne sont pas habitués à vivre avec cette menace que connaissent les nations d'Europe de l'Ouest. » Leurs ressortissants seront-ils amenés à sortir de la bulle de sécurité ? Ou la bulle peut-elle englober tout le territoire ? Les chiffres d'effectifs annoncés sont ronflants et rassurent même les sceptiques, comme l'auteur Laurent Obertone, qui m'a accordé une courte interview :

« Pour les JO, la France va mettre le paquet. On est même tout contents de mettre un fric monstre là-dedans. L'enjeu est trop élevé, je ne m'imagine pas le scénario catastrophe. Cela me fait penser à la Coupe du monde en Afrique du Sud… On va virer les SDF et on enverra les jeunes de cités en vacances, ça fera un grand tri et les zones olympiques seront ultra-sécurisées, les bons touristes ne risqueront pas grand-chose, même en Seine-Saint-Denis. Puis, les affaires reprendront normalement. Ensuite, il y a bien sûr le terrorisme dit "low-cost", qui est malheureusement impossible à prévenir. On arrive toujours trop tard, on donne des cours d'empathie, et on rapatrie les familles de djihadistes depuis les zones de guerre… Avec cette stratégie, on ne peut qu'arriver après coup avec l'ambulance. »

Du côté du Centre de réflexion de la sécurité intérieure (CRSI), Guillaume Lefèvre, qui en est le secrétaire général, pense lui aussi que les effectifs pléthoriques et les dispositifs mis en place suffiront, mais il modère : « Si tous les CRS, gendarmes mobiles et PSIG sont à Paris, en province, les membres de la sécurité intérieure seront bien seuls. Or n'importe quel marché dans un petit village peut tout aussi bien constituer une cible hautement symbolique pendant les Jeux pour une organisation terroriste. Quoi qu'il en soit, ce que l'on met en place pour les JO est colossal, et tous les pays ne peuvent se targuer de déployer une telle stratégie. »

Le président du CRSI, Thibault de Montbrial, prévient : « Il est essentiel de garder à l'esprit que, pendant les JOP 2024, la vie va continuer en dehors de l'Île-de-France. Sur le plan sécuritaire, on va déshabiller tout le reste du pays pour l'événement, et la délinquance risque d'augmenter dans les autres parties du territoire. Ainsi, la gendarmerie craint par exemple une explosion de délinquance dans les campagnes, avec de possibles razzias commises par des jeunes de quartiers vers des villages situés autour des villes moyennes. » Chacun garde le souvenir encore vif du meurtre du jeune Thomas Perotto (16 ans) à Crépol en novembre 2023 lorsque des jeunes ont fait irruption dans une fête de village et que la soirée a fini à coups de couteau. Certains experts de la sécurité imaginent les répercussions catastrophiques que pourrait avoir, pendant les JO, une combinaison des phénomènes de l'été 2023 (les émeutes, le vandalisme, les violences physiques contre les forces de l'ordre après l'affaire Nahel) et de celui de Crépol à l'automne... Entre ces deux marqueurs forts de l'état de la sécurité sur le territoire, survient l'attaque terroriste du Hamas contre Israël le 7 octobre, dont les effets se font rapidement ressentir en France, avec une hausse soudaine des actes antisémites et deux attentats, à Paris avec la mort d'un touriste allemand, et à Arras avec celle de l'enseignant Dominique Bernard, quelques jours avant la commémoration de l'assassinat djihadiste de Samuel Paty. L'attaque d'une salle de spectacle à Moscou en mars (au moins 139 morts), revendiquée par l'organisation État islamique, vient encore raviver l'inquiétude au plan international.

À l'instar des juristes qui imaginent toujours le pire pour proposer ensuite des solutions, les policiers et les experts de la sécurité lisent le monde qui les entoure avec un certain prisme, qui permet aussi l'anticipation.

Le secrétaire général d'Alliance, Fabien Vanhemelryck, confie : « En tant que policiers, nous sommes également inquiets de ce qui se passera sur le territoire, car le monde continuera d'exister en dehors de Paris. Dans les stations balnéaires, par exemple, il y a des renforts policiers saisonniers pendant l'été. Avant, on allait à la plage pour bronzer, maintenant, il faut se faire à l'idée qu'on y va aussi pour se faire voler ses affaires ou se faire agresser. Mais à l'été 2024, il n'y aura pas tous ces renforts balnéaires, pas de maîtres sauveteurs de la police ni de patrouilles de flics sur les plages. L'insécurité, en revanche, elle sera bien là ! »

# 4

# Qui peut protéger tout le temps tout un pays ?

## La grande fatigue des policiers

Dans un monde où les menaces évoluent constamment et touchent des sphères toujours plus vastes de notre quotidien, la question de la sécurité nationale se pose avec une acuité renouvelée : qui peut réellement protéger tout le temps tout un pays ? Cette interrogation, loin d'être rhétorique, trouve un écho particulier dans le contexte des grands événements internationaux tels que les Jeux olympiques. Ces moments, censés être des célébrations de paix et d'unité, se transforment souvent en révélateurs des tensions et des enjeux sécuritaires auxquels sont confrontés les États.

Le défi des Jeux olympiques de 2024 s'inscrit dans une période particulièrement complexe pour la France, marquée par un climat de sécurité tendu et des forces de l'ordre déjà mises à rude épreuve. L'année 2023, notamment, a été riche d'événements dramatiques qui ont non seulement secoué la nation, mais également épuisé physiquement et moralement ses forces policières. Des crises à répétition, allant des manifestations sociales aux émeutes urbaines, en passant par des actes de terrorisme, ont soumis la police nationale et la gendarmerie à un rythme de travail insoutenable, fragilisant ainsi leur capacité à répondre efficacement à de nouveaux défis.

Un bref récapitulatif des douze derniers mois, pour que le lecteur comprenne l'état de stress et d'épuisement de la police française :

— L'affaire Nahel Merzouk arrive à la fin du mois de juin 2023. Le mineur de 17 ans, au volant d'une voiture de sport de location, avec des amis à bord, joue au gendarme et au voleur avec les policiers à Nanterre. Malheureusement, son véhicule peut aussi devenir une arme par destination, et les fonctionnaires sont de plus en plus souvent pris pour cibles dans ce contexte. Conséquence : ils sont davantage enclins à sortir leur arme de service. C'est ce qui se produit ce matin-là.

Le chauffeur du véhicule perd la vie. Le fonctionnaire mis en cause est placé en garde à vue, puis en détention provisoire. Mais le signal envoyé par la justice à l'endroit du policier n'est visiblement pas assez fort pour retenir les violences qui ravagent bien vite le pays tout entier pendant des jours, même les petites communes.

— Le Centre de réflexion sur la sécurité intérieure signale les chiffres clefs des émeutes du 27 juin au 4 juillet 2023 : 553 communes ont été touchées en huit jours. À la fin des émeutes, on décompte : 24 000 feux sur la voie publique, 12 000 véhicules incendiés, 2 500 bâtiments dégradés dont 168 écoles et 105 mairies qui ont conduit à plus de 3 500 interpellations, 317 saisines du service national de police scientifique d'Écully (69) qui a analysé plus de 1 800 scellés. Et durant la seule nuit du 1er juillet 2023, des chiffres impressionnants : 1 311 interpellations, 162 membres des forces de l'ordre blessés, 45 commissariats, 11 brigades de gendarmerie, 19 postes de police municipale et 3 prisons ont été attaqués sur le territoire national. 4 665 incendies sont dénombrés. Au 1er août 2023, les ministères de l'Intérieur et de la Justice décomptent plus de 4 000 gardes à vue dont un tiers de mineurs, 2 107 majeurs jugés, 94 % de condamnation, 1 239 peines de prison dont 62 % ferme, une moyenne de 8,9 mois pour les peines prononcées. Seul bâtiment de la police qui brûle à Paris intra-muros pendant ces émeutes : celui de la brigade d'assistance aux personnes sans abri (la BAPSA) qui, aujourd'hui encore, manque de locaux pour entreposer les vêtements destinés aux plus fragiles. En patrouille, ces Saint-Bernard de la police sont désormais en civil, puisqu'ils n'ont plus d'uniformes depuis l'incendie.

— L'été finit tout de même par passer, mais à l'automne, le 7 octobre, survient ce que l'avocat Thibault de Montbrial nomme sur un plateau de télévision un « *game changer* ». Effectivement, avec l'attaque du Hamas sur Israël, le jeu de la sécurité hexagonal vient de changer. Les fractures somnolentes se réveillent, les plaques tectoniques dansent la gigue. Les actes antisémites sur le territoire national bondissent de 1 000 %. La France réalise brutalement que le nazisme qu'elle a craint, combattu et espéré avoir laissé dans le rétroviseur de l'Histoire pourrait finalement être revenu avec un nouveau visage : celui du soutien au Hamas et à l'islamisme. Les valeurs du pays sont directement défiées par cette nouvelle crise qui arrive si près de l'échéance des JO. Alors que le dernier assassinat islamiste revendiqué en France a longtemps été celui perpétré sur la personne d'Yvan Colonna en prison par un détenu radicalisé à Arles en mars 2022, à seulement quelques jours de la commémoration de la mort de Samuel Paty, moins d'une semaine après les attaques du Hamas, un jeune d'origine tchétchène s'introduit dans une école à Arras et tue l'enseignant Dominique Bernard avec une motivation djihadiste. Puis, le 2 décembre, cela recommence aux alentours du pont de Bir-Hakeim à Paris entre la tour Eiffel et le mémorial du Vél' d'Hiv' : un soi-disant repenti du djihad cible des passants à coups de marteau et tue un touriste avant d'être interpellé par les policiers.

— Au tournant de l'hiver 2023-2024, sont publiés plusieurs rapports statistiques sur l'état de la sécurité intérieure en France. Deux chiffres se dégagent rapidement dans une étude du service de statistique de Beauvau :

presque une victime d'agression en France toutes les minutes en 2023 (444 700 victimes de violences physiques), ce qui constitue une augmentation de 60 % au cours des huit dernières années. Par ailleurs, en 2023, on constate une hausse de 10 % pour les viols et tentatives, ainsi que 13 % pour les tentatives d'homicide.

— Concernant l'Île-de-France, l'Institut Paris Région fait valoir que la sécurité s'affirme comme une « des grandes priorités d'actions assignées par les Franciliens à l'État », avec plus de 22 % des personnes interrogées qui placent la sécurité en tête, contre 15,7 % en 2019. Ils sont également près d'un sur trois à trouver que la justice est « trop indulgente », et sont de plus en plus convaincus qu'il faut construire de nouvelles prisons… Ils sont surtout sept Franciliens sur dix à approuver le recours à la vidéosurveillance dans les lieux publics.

Voilà la France qui va accueillir les Jeux. Voilà la France que les policiers devront sécuriser. On comprend la mauvaise humeur et l'inquiétude qui est la leur devant la philosophie sécuritaire appliquée par le gouvernement :

mettre tous les moyens sur la vitrine du pays que vont constituer les Jeux, et ce à tout prix. Ainsi dans les *Dernières Nouvelles d'Alsace*, en janvier 2024, on pouvait lire l'alerte lancée par les policiers de Strasbourg qui ne sont pas enchantés de voir un tiers de leurs effectifs envoyés à Paris pour sécuriser les Jeux olympiques pendant les mois de juillet et août. Le patron d'Alliance tempête en janvier : « Les JO ? On n'est pas prêts du tout, je dirais même qu'on est à la ramasse, surtout en termes d'organisation. Je ne prends qu'un exemple : cela fait sept ans qu'on connaît la date de la cérémonie d'inauguration, et aujourd'hui, on n'est pas capables de dire aux policiers ce qu'ils vont faire le jour J. On ne commence que maintenant à nous parler de cycles horaires, à quelques semaines seulement de l'événement, sans même parler de la garde des enfants, des couples de policiers, etc. [le ministre a par la suite annoncé des assouplissements dans ces cas précis]. Nous ne savons pas vraiment quel volume de circonscriptions est directement concerné par les JO au plan national, et nous sommes à l'agonie sur le plan des effectifs. La preuve : dans les écoles de police actuellement, on accélère les modules de formation pour que les promotions d'élèves sortent plus rapidement. Et ils ne sont pas encore formés qu'on leur demande déjà s'ils sont volontaires pour travailler sur la plateforme parisienne pendant les Jeux… Par contre, on ne leur dit pas dans quelles conditions ils travailleront, c'est-à-dire où ils habiteront, pour quelle prime, et ce qu'ils auront à manger, pour faire simple. » La situation a heureusement évolué au cours du mois suivant l'entretien.

Deux autres syndicalistes d'Alliance que j'interroge, Éric Henry et Benoît Barret, me livrent leur propre analyse du contexte sécuritaire de la France. Benoît Barret : « Notre pays aujourd'hui, c'est comme l'Islande… Nous habitons sur un volcan. On sait que ça va péter, mais on ne sait pas encore quand, ni exactement où sur le territoire. Mais on fait quoi ? Le politique ne fait pas du tout redescendre la température, et heureusement que les syndicalistes sont là pour soutenir les collègues… il ne faudrait pas qu'ils baissent la garde non plus. Nous sommes là pour négocier leur condition sociale avec le gouvernement. Nous assurons aussi, à notre manière, que le volcan n'explose pas. » Son camarade, Éric Henry, précise : « Nous faisons aussi tampon avec la population, mais les policiers ne sont pas des décérébrés à la solde du pouvoir non plus ! Nous ne défendons pas que l'État. » Benoît Barret : « Le policier prend toute la misère du monde en direct. Tu prends tout en pleine gueule. Ce n'est pas un métier qui est bon pour l'équilibre personnel. » Éric Henry : « Il faut rappeler aussi qu'il y a chaque année 5 millions d'appels au 17 qui donnent lieu à plus de 1,6 million d'interventions. »

## La question de la sécurité privée

Les Jeux seront très gourmands en forces vives, c'est pourquoi le gouvernement mise inévitablement sur la sécurité privée. Comme on pouvait s'y attendre, le secteur manque de bras. Dès 2022, Cédric Paulin, secrétaire général du Groupement des entreprises de sécurité (GES), attire mon attention sur la nécessité d'embaucher des femmes pour les palpations aux abords des zones fermées, car il s'agit d'une mission dite « sexuée », mais il déplore également que la loi pour une sécurité globale ne prenne pas suffisamment en compte, à son sens, la question des Jeux olympiques. Pire pour les professionnels du secteur, la grande loi sécuritaire de la majorité présidentielle vient restreindre les conditions d'accès à la profession (nouveaux critères d'accessibilité, comme la maîtrise de la langue française), ce qui ne facilite pas le recrutement : « Ce sont des barrières supplémentaires à l'horizon d'un événement pareil. La loi a fait perdre 20 à 30 % des candidats habituels en sécurité privée. On a rehaussé les barrières à un moment où on avait le plus besoin de recrutements. Nous sommes déjà en pénurie de main-d'œuvre. » Par ailleurs, si la loi pour une sécurité globale encourage les policiers à venir rejoindre le privé (ils peuvent désormais cumuler leur retraite intégralement avec les salaires perçus en sécurité privée), ils ne sont en 2022 que 1 à 2 % à rejoindre le secteur parmi les embauches annuelles (environ 30 000 par an).

Cédric Paulin rappelle quelques chiffres : « C'est du jamais vu en France pour nos forces de sécurité, c'est l'équivalent de cinquante Coupes du monde de football en matière de fréquentation, et ce pendant quinze jours [plus de 15 millions de visiteurs attendus] avec une concentration parisienne à presque 90 %. » Le secrétaire général du GES souligne aussi que, proportionnellement à nos voisins européens, les entreprises de sécurité privée françaises sont de plus petite taille, avec environ trente-cinq salariés par société en moyenne, ce qui induit une certaine fragilité pour les acteurs du secteur qui dépendent parfois entièrement d'un seul contrat.

Un entrepreneur du secteur qui m'accorde une interview m'explique même sa décision délibérée de ne pas essayer de décrocher des lots d'appels d'offres pour les Jeux olympiques. Il s'agit de Gilles Sacaze, ancien du service action de la DGSE et président-fondateur de Gallice, une entreprise qui officie aussi bien dans l'intelligence économique que dans la sécurité physique. « Nous n'avons pas essayé. Sauf pour les chiens explo [service cynophile de recherche d'explosifs], explique-t-il. Nous avons décidé que le cahier des charges était trop morcelé et qu'on allait devoir engager notre responsabilité sans avoir de vision globale. » Gilles Sacaze paraphrase poliment ce qui se dit depuis plusieurs années dans le secteur : si les JO tournent mal, il sera plus difficile de valoriser cette expérience dans le CV des entreprises qui s'y seront mouillées. Et puis, le chef d'entreprise précise : « Les ressources humaines ne sont pas extensibles à l'infini. Je ne veux pas maltraiter mes clients habituels pour me lancer sur les JO. »

C'était inattendu pour moi puisque je suis habitué à des fonctionnaires solidement arrimés à l'idée d'un régalien public, mais du côté du syndicat Alliance on ne fait pas les gros yeux quand je pose la question de l'emprise du secteur privé dans l'avenir de la sécurité en France. Ainsi, le conseiller spécial du bureau national Benoît Barret relativise : « Les JOP 2024, on peut le dire, c'est d'abord une question d'ordre public. Mais la police et la gendarmerie sont-elles capables d'assurer cette sécurité seules ? Je vous le dis, la réponse, c'est non ! Donc on va s'appuyer sur les polices municipales, avec des maires qui ont des pressions de la part de leurs citoyens. Et on va également s'appuyer sur la sécurité privée qui a un objectif de 30 ou 40 000 effectifs à recruter en tout et qui n'y arrive pas. On sait déjà qu'ils ne les auront pas. C'est d'ailleurs pour cela que l'État nous met à 100 % sur les JO pendant cette période. »

Le discours tranche quelque peu avec la méthode Coué professée par les autorités. Et effectivement, à bien y regarder, il semble que tous les signaux ne soient pas au vert au sujet des effectifs. Le feuilleton des étudiants bénévoles à propos desquels il a été annoncé qu'ils seraient formés en trois semaines a fait hausser les sourcils dans tous les secteurs de la sécurité, avec la crainte d'emboliser les services de renseignement chargés du criblage de ces derniers. Au détour d'une conversation avec une salariée du Groupe SOS, organisatrice d'un événement pour faire se rencontrer des « jeunes » de la cité Pablo-Picasso de Nanterre (notamment) et des entreprises de sécurité privée pour les embauches (payées) de l'été 2024, je l'entends se féliciter que pour certains candidats de cet acabit, elle a réussi à obtenir une réponse positive en seulement une semaine. À la bonne heure. Une semaine seulement pour faire passer des dossiers à des postes si cruciaux pour l'organisation des JO, cela donne l'impression au mieux que les candidats ne se pressent pas au portillon, au pire que le processus de validation est bien rapide.

## La question des policiers municipaux

Plusieurs responsables syndicaux assurent que les études sont presque précipitées pour mettre sur le terrain des policiers nationaux et municipaux. Il est même question de faire contribuer les élèves de l'École nationale supérieure de police pour sécuriser les Jeux. Nicolas Nordman, adjoint sécurité à la mairie de Paris, doit pour sa part admettre début février 2024 en conseil de Paris que la police municipale n'atteindra pas son objectif de 5 000 agents d'ici à l'ouverture des JO. Bloquée à 1 300 fonctionnaires territoriaux au début de l'année, la police municipale de Paris a pour but d'arriver à 2 000 fonctionnaires d'ici à l'été.

La triste réalité : les candidats ne se bousculent pas, car la concurrence est rude entre les villes pour recruter des policiers municipaux, et la fonction est plus intéressante dans les villes de banlieue qui permettent souvent aux agents de travailler plus près de leur lieu de résidence et de bénéficier de cycles horaires plus avantageux. Du côté de la protection individuelle, même s'il ne s'agit pas encore d'un champ de bataille syndical primordial à Paris, certaines villes dotent leurs agents d'armes létales ou intermédiaires plus protectrices qu'à Paris. Dans la capitale, on peut dire sans exagérer que l'équipe municipale, idéologiquement opposée aux dépenses sécuritaires, a longtemps négligé la création d'une police, avant de devoir s'y résoudre pour être élue. C'est même la loi pour une sécurité globale, portée par des députés de la majorité, qui va permettre d'en créer une.

Ces atermoiements ont résulté en une force composée principalement d'agents territoriaux qui étaient autrefois employés aux parcs et jardins ou aux contraventions de stationnement. Ces derniers sont venus grossir les rangs de la direction de la prévention et de la sécurité et des inspecteurs de la ville de Paris, qui, quant à eux, s'y entendaient en matière de sécurité et étaient déjà très qualifiés dans des domaines spécialisés comme la cynophilie.

Les polices municipales, comme on peut le voir, constituent un nouveau maillon essentiel du paysage français et se sont imposées comme la troisième force de sécurité de l'Hexagone. On voit même des villes comme Nice se doter d'hôtels de police qui mêlent les agents municipaux et nationaux, une innovation qui signe, s'il en était encore besoin, qu'il faudra compter sur cette force à l'avenir. Plus d'un policier municipal rencontré en manifestation m'a rappelé au fil des années que lors d'événements de forte intensité, comme l'assassinat de Samuel Paty ou l'attaque de la basilique Notre-Dame de Nice, ce sont des policiers municipaux qui sont intervenus en premier. Il s'agit aussi de la force policière de proximité, celle qui connaît les commerçants et les gardiennes d'immeubles. Pour le moment, ils n'ont accès qu'au titre d'assistants de police judiciaire, mais il est probable à l'avenir que les policiers municipaux pourront mettre des délinquants directement à la disposition de la justice avec des procédures en bonne et due forme... Combien de temps avant que le privé n'entre également dans la danse ? Certaines entités comme les bailleurs sociaux de la Ville de Paris ont leur propre police, les GPIS, qui a été créée il y a vingt ans. Selon un rapport de l'Institut Paris Région, il s'agit dorénavant d'un « maillon important du *policing* parisien », fort de ses quatre-vingts agents de terrain qui font montre de professionnalisme en toute situation. S'ils ne permettent pas toujours de contrer la délinquance (bien souvent ils la déplacent, selon ce même rapport), leur présence crée un sentiment de sécurité et assure une continuité de service pour les habitants. D'ailleurs, lors de mes petites recherches sur le Champ-de-Mars, la mairie du VII^e^ arrondissement de Paris (celle de Rachida Dati) m'assure que l'équipe municipale du secteur est tout à fait favorable à un usage accru de sociétés privées autour de la tour Eiffel. Un élu m'explique d'ailleurs à ce titre que la société d'exploitation de la tour (la SETE) devrait en réalité sécuriser une zone plus importante que l'intérieur du mur de verre, et couvrir les allées de part et d'autre de la Dame de fer. On le voit là encore : les élus de droite n'ont plus de tabou en matière de recours au privé pour pallier les défaillances publiques.

## La question des réservistes... et de l'armée

Mais après avoir sollicité la gendarmerie, la police nationale, la police municipale, le privé et les jeunes bénévoles, les Jeux vont aussi solliciter les anciens : d'une part les réservistes des deux armes (pas forcément si âgés et présentant parfois des profils spécialisés très intéressants à exploiter) et d'autre part les retraités. Comme pour les bénévoles, ces derniers n'auront pas de prérogatives judiciaires bien entendu, mais ils pourront participer à la surveillance de l'événement. Une campagne d'information de la Caisse nationale d'assurance vieillesse et de l'agence France Travail veut ainsi permettre à 15 000 retraités de se faire embaucher en tant qu'agents de sécurité pour renforcer les effectifs de la sécurité privée qui peine à recruter. Où seront-ils logés pendant l'événement ? Il n'y a plus qu'à espérer qu'ils soient déjà Parisiens ou banlieusards… Dans le cas des gendarmes de réserve, il se murmure que les collègues militaires sont incités à ouvrir leur propre logement à leurs camarades le temps des Jeux, un peu de solidarité, que diable ! La Cour des comptes alertait dès janvier 2023 sur la difficulté de recrutement pour le secteur de la sécurité privée depuis l'épidémie de Covid, et le Sénat complétait, par la voix de Guy Benarroche, sénateur des Bouches-du-Rhône : « Le risque de ne jamais atteindre le nombre d'agents de sécurité privée est évident. »

Je n'ai pas encore évoqué la force qu'on appelle systématiquement à la rescousse quand tout va de travers : l'armée. Un camp militaire doit « sortir de terre » en soixante-cinq jours sur la pelouse de Reuilly dans le bois de Vincennes, ainsi que le gouverneur militaire de Paris, Christophe Abad, l'a annoncé auprès du journal *Le Parisien* en février. Le camp pourra accueillir 4 500 soldats sur les 20 000 qui seront mobilisés pendant l'été. Outre la sécurité de l'événement, les militaires ont aussi pour mission extrêmement sensible de sécuriser les navires destinés à la parade nautique en amont de celle-ci. Une responsabilité très importante qui mobilise un bataillon de 800 personnes nuit et jour du 15 au 26 juillet.

La mission Sentinelle fait bien entendu partie intégrante du dispositif de sécurité des JO. Il se dit même que les militaires aimeraient s'impliquer davantage dans le continuum de sécurité des JO sur le plan tactique en tant que force concourante, mais que le ministère de l'Intérieur (force menante) serait pour le moment assez réticent à cette idée (au mois de mars 2024). À ces forces, il faut encore ajouter les 2 500 policiers étrangers qui participeront aux dispositifs de sécurité dans le cadre de la protection des délégations de leurs pays.

5

# La sécurité des JO, un avant-goût de notre avenir ?

## Un dispositif pérenne ou provisoire ?

Le dispositif exceptionnel mis en place pour ces Jeux ne saurait évidemment être maintenu dans son intégralité par la suite, mais il permet de s'interroger sur la façon de concevoir la sécurité à la française en 2024. L'association de défense des droits et libertés La Quadrature du Net alerte depuis plusieurs années sur l'effet d'aubaine des JO (innovation, intérêt suprême de la sécurité, etc.) dont pourraient tenter de bénéficier les entreprises qui vont gérer la vidéosurveillance algorithmique pendant la compétition : « [Elles] pourront mettre à disposition leurs algorithmes bien au-delà des seuls JO puisque cette expérimentation concerne tout événement récréatif sportif et culturel jusqu'au 31 mars 2025, soit bien après la fin des Jeux. » Et de préciser que l'expérimentation sera ensuite soumise à un comité d'évaluation composé d'utilisateurs de la technologie et de personnalités qualifiées, notamment au sujet des données personnelles. Du QR code correspondant à des zones de couleur (gris, noir, rouge, bleu, etc.) à la vidéosurveillance algorithmique, difficile d'imaginer que ce petit avant-goût de technopolice se dissipe dans l'éther sitôt mis en place. D'une part on promet que cela permettrait de mieux gérer le hooliganisme et les flux de personnes dans les foules, mais de l'autre on s'inquiète (parfois par idéologie, peut-être) d'une dérive autoritaire possible avec ces outils, et de l'augmentation de l'activité des drones de surveillance.

Parmi les enseignements possibles de la sécurisation des JO, on peut retenir aussi cette technique de la bulle de sécurité, l'Île-de-France étant placée sous une cloche pendant plusieurs semaines, éventuellement au détriment du restant du territoire national. Pour l'hypercentre de Paris, soulignons également cette volonté manifeste de faire place nette : zéro délinquance, éviction des vendeurs à la sauvette, des trafics en tout genre, et même des Parisiens qui doivent montrer patte blanche pour circuler dans les zones d'exclusion. D'un côté, on constate que la société française fait face à une augmentation de la violence et qu'elle a des ennemis de l'extérieur et de l'intérieur farouchement opposés à son modèle de civilisation ; de l'autre, on propose un « continuum de sécurité » composé de police nationale, gendarmerie, police municipale, parfois l'armée et, probablement, de plus en plus de sécurité privée. Et quand d'aventure cela ne suffit plus, on va chercher des étudiants, des bénévoles, des réservistes, des retraités, on donne licence (trop pour certains, pas assez pour d'autres) à des technologies de surveillance qui ne manquent pas de faire penser à la science-fiction. L'objectif étant de créer une bulle... mais sur le plan européen par exemple, on ne peut ignorer que cette bulle est une fable et que Frontex, pour ne citer que ce cas, en est réduite à l'état de passoire. Faut-il ici rappeler que l'ancien président de l'agence européenne, Fabrice Leggeri, a rejoint la liste du Rassemblement national pour les élections européennes ? Un gros coup pour le RN et un sérieux désaveu pour Frontex. Tous les indicateurs sont au rouge et, sur le modèle de la « tenaille identitaire » théorisée par le regretté fondateur du Printemps républicain Laurent Bouvet, il semble que les Français doivent désormais se résigner à vivre dans une tenaille sécuritaire. D'un côté l'insécurité, de l'autre l'assurance d'une bulle, d'un continuum, d'une sécurité globale, en laquelle nous sommes ardemment priés de croire.

## Technopolice et cyber : une expérimentation jusqu'en 2025

Sur le front du cyberpiratage, au moins deux alertes récentes doivent mettre la puce à l'oreille des autorités : la paralysie des aéroports au Royaume-Uni pendant plusieurs heures suite à une attaque cyber en août 2023. Mais également l'attaque coordonnée contre les entreprises mutualistes Viamedis et Almerys au début de l'année 2024 en France. Ce dernier assaut, partiellement relayé par les médias, concerne les données de quatre-vingts mutuelles qui assurent le tiers payant pour les souscripteurs. Ce sont potentiellement 33 millions de comptes concernés, sans parler des autres bénéficiaires inscrits sur les mêmes comptes (conjoints, enfants, etc.). Ces signaux faibles pourraient aussi constituer des préludes à une agression cybernétique de grande ampleur contre la France au beau milieu des Jeux... ou après... Le nombre total de cyberattaques actuellement estimé contre le domaine français en 2024 pourrait attendre 4 milliards. Par ailleurs, selon une évaluation rendue publique par la région Île-de-France, les JO de Paris doivent faire l'objet de dix fois plus de cyberattaques que ceux de Tokyo. En matière de vidéosurveillance, Thibault de Montbrial déplore pour sa part que la France se soit dotée d'une loi olympique sans avancer franchement dans le domaine de la vidéosurveillance : « Je regrette que, lors du vote de la loi olympique, nous nous soyons privés de la reconnaissance faciale, laquelle aurait constitué un atout majeur. Pour répondre aux craintes liées aux libertés publiques, il suffisait d'autoriser l'utilisation de cette technologie sur des sites limitativement déterminés, en temps réel (c'est l'intérêt majeur pour prévenir une menace imminente ou traiter le plus efficacement une attaque en cours) avec un délai de conservation des données très court (douze à vingt-quatre heures) pour l'autorité judiciaire en cas de besoin. Nous nous sommes en quelque sorte attaché une main dans le dos, et ce pour des raisons purement idéologiques. »

Dans ce domaine, la sécurité intérieure devra se contenter de l'expérimentation (jusqu'en 2025, c'est-à-dire après la fin des JO) de la vidéosurveillance dite algorithmique : une intelligence artificielle permet par ce procédé de déceler un mouvement de foule ou des formes qu'on lui aurait appris à reconnaître, via les caméras terrestres ou fixées à un aéronef (type drone par exemple). Pour le moment, la reconnaissance faciale est exclue de ce dispositif. À l'extrême inverse, dans des modèles autoritaires comme la Chine, elle est progressivement intégrée au dispositif de crédit social. En France, la CNIL, Amnesty International, La Quadrature du Net et le Conseil national des barreaux se sont prononcés contre la vidéosurveillance algorithmique pour son caractère intrusif. Le dispositif est tout de même testé au mois de mars pendant les deux concerts du groupe Depeche Mode à l'Accor Arena de Bercy (Paris). Paradoxalement, les amoureux des droits de l'homme, classiquement postés à gauche de l'échiquier politique, n'ont pas le monopole de cette crainte de la société de surveillance. Laurent Obertone m'explique ainsi au téléphone sa position sur le sujet : « Je n'ai rien contre ce métier très difficile de policier, et si on veut s'adapter à la situation que la France traverse actuellement, il faut vraiment des moyens très forts, mais la réponse proposée d'en faire davantage n'est pas la bonne, à mon sens. Il vaudrait mieux essayer de comprendre pourquoi ce pays est devenu infernal... On va fliquer tout le monde parce qu'il y a un échec du modèle social, et pour moi, ce n'est pas un virage souhaitable. Même si cela rassure l'opinion, ce n'est pas comme cela qu'on fait une société. »

## Sécurité privée, intelligence artificielle : la possible fin du régalien

Lorsque j'interroge la magistrate Béatrice Brugère sur la sécurité privée, elle ne prend pas de pincettes (pas son genre) : « L'État a failli dans sa promesse constitutionnelle de sûreté, donc le secteur privé a vu un marché là-dedans. Maintenant il va falloir le réglementer et le professionnaliser. Mais il faut sortir d'un double mythe : d'une part l'État n'est pas tout-puissant, et d'autre part la police est là pour le protéger en premier lieu, avant de protéger les citoyens. Le continuum de sécurité fait émerger toute une nouvelle approche des attentes de la société, et ce n'est pas anodin, c'est la société de demain. Or on n'évalue pas la menace correctement en France. On parle de continuum de sécurité, mais existe-t-il un continuum de la criminalité ? Les menaces évoluent, elles sont multiples, à la fois locales et internationales, comme des fractales : sur une petite échelle, on trouve en germes toutes les menaces mondiales. Les prisons fonctionnent de la même manière, ce sont des microcosmes de la société qu'il faut observer et pas seulement des lieux de relégation. »

Et de citer l'exemple de l'agilité des trafiquants de drogue qui, pendant les confinements sanitaires, se mettaient à livrer leurs produits par drones. « C'est un écosystème mouvant et vivant, il faut le penser, l'analyser », complète-t-elle. Cette culture judiciaire et criminologique que convoque Béatrice Brugère n'est pas française, elle est anglo-saxonne. La méthode de l'« *intelligence-led policing* » fonde son travail sur le renseignement et sur la collaboration entre les différentes agences de renseignement avec les forces de l'ordre. Dans un article de Gaël Marchand publié en 2007 par le Centre français de recherche sur le renseignement (CF2R), on peut lire :

> Le défi principal [de l'implémentation de l'*intelligence-led policing*] consiste à améliorer sans cesse la connaissance et la compréhension de la criminalité et de ses processus. La mise en œuvre de l'ILP repose alors sur les services d'enquête. Ces derniers ne viennent donc plus en appui de la police de proximité (rôle traditionnel) mais ont un rôle d'entraînement de la machine policière. Les informations précèdent et orientent les actions de police administrative et judiciaire et non l'inverse. C'est pour cela que l'ILP est particulièrement appréciée par certains services de police dans la lutte contre la criminalité organisée transnationale. Toutefois, dans l'ILP, la fonction renseignement n'est plus l'apanage de services spécialisés. Tous les policiers, et particulièrement ceux qui servent dans les services d'enquête, doivent s'approprier la problématique et le cycle du renseignement.

Un univers bien différent de celui que côtoient les simples mortels français. La magistrate iconoclaste renchérit : « Je ne suis pas favorable à l'idée de dire qu'on ferait moins bien en France qu'ailleurs, et je pense qu'on a tout à fait les moyens de faire. Mais nous fonctionnons différemment en matière de stratégie. Nous attendons que le criminel fasse son méfait, puis nous lançons la machine. Cela, on sait plutôt bien le faire. La France n'a pas tant un problème de moyens que de stratégie. Il faut rétablir une chaîne pénale cohérente. »

Un policier scientifique renommé dans le milieu a également la gentillesse de me livrer son analyse de l'avenir de la sécurité en France et du rapport français à la sécurité privée. Il préfère toutefois garder l'anonymat, par souci de tranquillité administrative. Le fonctionnaire admet d'emblée : « Bien sûr, il y a des résistances au privé en France, pourtant il y a des choses intéressantes dans le domaine du numérique. Il existe des sociétés privées françaises ou israéliennes qui créent des logiciels et des appareils qui révolutionnent les enquêtes et qui apportent beaucoup pour la sécurité. Une très grosse boîte française a lancé [Mercure,] un logiciel de recoupement de la vidéosurveillance, de la téléphonie, etc. Cette solution est déjà utilisée par la police et la gendarmerie. On ne peut plus faire de la police scientifique comme il y a vingt ans, car tout l'environnement a changé. Par exemple, une personne génère aujourd'hui 2 mégaoctets de données par jour, c'est l'équivalent de quatre mille livres. L'enjeu dans cet environnement, c'est de pouvoir garantir la sécurité des données individuelles, mais sans que cela soit trop contraignant pour le renseignement criminel. Il faut de plus en plus de professionnels spécialisés dans le traitement numérique. Il nous faut davantage de *data scientists*. D'ici à 2035, il est estimé qu'il y aura quarante-cinq fois plus de traces numériques dans les enquêtes qu'aujourd'hui. Il faut pouvoir trier ces données de façon pertinente, les organiser, les emmagasiner. On ne pourra pas tout traiter sans l'aide du secteur privé et de l'intelligence artificielle. Sans quoi il sera impossible d'obtenir des réponses rapides dans le cadre d'une enquête alors qu'on aura des téraoctets de données à traiter. »

Le policier scientifique précise que la gendarmerie a pris de l'avance dans le domaine, forte de sa culture d'anticipation : « Ils essaient d'imaginer aujourd'hui ce dont ils auront besoin demain pour le développer dès maintenant. » Le fonctionnaire ajoute que selon lui c'est dans le domaine de l'empreinte ADN qu'il faudra attendre le plus de développement dans les années à venir : « Auparavant, il nous fallait beaucoup de cellules pour établir un profil génétique. Maintenant, une à dix cellules suffisent grâce à nos nouveaux systèmes de séquençage, c'est le "*next generation sequencing*", qui permet d'être plus précis dans l'analyse, même avec des échantillons dégradés. » Une étude américaine de 2021 suggère même que les policiers scientifiques du futur pourront récupérer de l'ADN dans l'air d'une scène de crime.

Très récemment, un journaliste allemand aidé par le logiciel d'IA PimEyes a réussi à retrouver la trace d'une femme qui fuyait la police depuis une trentaine d'années. Interrogé par la journaliste Caroline Politi sur le rapport de la gendarmerie avec ce type d'outils, le général Patrick Perrot, coordinateur IA de la gendarmerie et conseiller à Beauvau, précise : « On peut utiliser un outil disponible sur Internet à condition que cela se fasse dans le cadre d'un procédure judiciaire, avec l'autorisation d'un magistrat [...] Généralement, on préfère développer les outils en interne parce que cela permet de maîtriser les paramètres, mais l'IA avance très vite, et on peut parfois être amenés à se servir de logiciels en ligne. » L'article souligne que l'utilisation est marginale et donc discrète, mais qu'elle n'entache pas la procédure de nullité jusqu'à présent.

Du côté de la vidéo, c'est surtout l'intelligence artificielle qui va faire bouger les lignes, comme on peut déjà le voir avec les Jeux olympiques de Paris, mais là encore, le premier obstacle sera de pouvoir trier les images pertinentes et d'éviter le trop-plein de données. La reconnaissance faciale ou de formes apprises par la machine (tous les hommes avec un pull rouge et des chaussures blanches) est déjà à l'étude au Royaume-Uni pour contrer le phénomène du hooliganisme, et des pistes de travail se dégagent. On peut notamment fournir des données de recherches à la machine. À partir de la photo d'un suspect, l'intelligence artificielle va analyser des éléments extérieurs présents à l'image, une façade, une pharmacie, un bâtiment, et elle va proposer des cartes géographiques avec différentes zones de recherche où l'individu pourrait se trouver... ce qui permet d'interroger les bonnes caméras pour retrouver le suspect plus rapidement.

Le policier scientifique anonyme tient des propos proches de ceux de Béatrice Brugère : « Un de mes profs disait que l'avenir de la criminologie et de la police scientifique, c'est l'*intelligence-led policing*. C'est le meilleur moyen d'avoir des données criminologiques bien traduites avec des réponses stratégiques. Le Canada et le Québec sont en avance sur le sujet. Ils ne se contentent pas d'identifier des *hotspots* de criminalité, ils s'interrogent sur la stratégie à mettre en place. Une patrouille dans cette zone va-t-elle diluer la criminalité, par exemple ? Ils font de la police prédictive. Une grande quantité de données traitée par l'IA va notamment permettre de déterminer une probabilité qu'un crime se déroule à tel ou tel endroit. »

Par peur de se faire distancer par ses voisins, la France va-t-elle se lancer dans cette course technologique ? Le cas échéant, il faudra renforcer les formations et les moyens mis en place. Un ingénieur en police scientifique gagnera environ 3 300 euros bruts par mois, quand un *data scientist* dans le privé pourra aisément en percevoir 5 000, voire jusqu'à 7 000, sans compter les primes et la participation... Encore un nouveau défi qui commence à se faire jour avec les Jeux olympiques, mais qui ne s'achèvera pas avec eux. La montée en gamme progressive des policiers administratifs, techniques et scientifiques, amorcée avec Gérald

Darmanin sous l'impulsion du principal syndicat du secteur (le SNIPAT), entre enfin dans une phase de négociation qui laisse penser que ces métiers, longtemps relégués au fond de la classe policière, pourraient en réalité receler la solution à de nombreuses situations de crise de la sécurité publique. La prépondérance de ces agents du ministère de l'Intérieur dans la résolution des crimes et leur juste place en tant qu'assistants d'enquête dans les commissariats dans un avenir proche pourrait être la clef d'une modernisation des métiers de la police nationale, tout cela en corrélation avec une logique d'efficience. Ce dénouement aura été obtenu de haute lutte de la part des partenaires sociaux, et il aura un impact direct sur la sécurité des Français. Du côté de la recherche, on ne peut que saluer également la mise en place d'un diplôme universitaire de sociologie par la chercheuse du CNRS Marion Guenot à destination des policiers au sein de l'université de Picardie Jules-Verne. Dès le lancement de cette initiative en 2023, plus de 200 candidatures affluent. Un engouement qui confirme deux éléments : d'une part les fonctionnaires de police ont soif de connaissances nouvelles et cherchent toujours à explorer les métiers très variés de leur ministère, D'autre part, loin des clichés ignorants véhiculés à leur sujet, les policiers saisissent bien l'enjeu de la transformation de notre pays puisqu'ils sont aux premières loges pour assister au spectacle... Ils veulent donc apprendre à maîtriser les outils mis à leur disposition pour appréhender cet état de fait et passer de spectateurs à acteurs. En cela, ils vont même peut-être plus vite que ce à quoi leur administration pourrait s'attendre. Les membres des forces de sécurité intérieure connaissent le « calvaire sécuritaire » mieux que la population générale : ils le vivent en direct.

*Conclusion*

# Dix questions que nous devrons nous poser après les JO

En cette fin mars 2024, je clôture cet essai, exactement quatre ans après une période où notre liberté de mouvement fut suspendue pour contrer un virus, une époque qui, par bien des aspects, semble se réfléchir dans le miroir des Jeux olympiques de Paris. Jean-Pierre Camby, dans un article pour le Club des juristes, souligne l'attention portée par la défenseure des droits aux libertés individuelles durant les Jeux, notamment concernant la circulation dans les zones olympiques, le traitement des images, et l'éviction de l'espace public de certaines personnes, dessinant un parallèle inquiétant avec les restrictions passées. À cela s'ajoute une surveillance accrue, via des moyens technologiques et humains exceptionnels, évoquant une vie sous cloche, provisoirement étouffante pour certains. L'enseignant à l'université de Versailles Saint-Quentin rappelle que la liberté d'aller et venir, principe à valeur constitutionnelle, est mise en cause à plusieurs titres par l'organisation des Jeux de Paris (circulation, stationnement, résidents, commerçants, spectateurs, etc.) Pour entrer dans la bulle des JO, il faudra montrer patte blanche, parfois sur invitation ou via un QR code, il faudra se signaler sur une plateforme numérique. Rappelons les mots du préfet de police : « On veut pouvoir contrôler les personnes qui auront, y compris depuis chez elles, un visuel direct sur la Seine pendant la cérémonie d'inauguration. » Des images seront ainsi captées par les caméras augmentées (notamment depuis des drones) et analysées par un logiciel ayant recours à l'intelligence artificielle, tout cela en dehors de toute procédure judiciaire… Un petit crochet du droit au respect de la vie privée. Sans même parler des onze fichiers interrogés simultanément par le système ACCReD pour mener le million d'enquêtes administratives en amont des événements…

Si ces efforts sécuritaires, déployés durant les JO, ont vocation à préfigurer notre futur, plusieurs interrogations se posent, tant sur l'apaisement de notre « sentiment d'insécurité » que sur notre capacité à concilier sécurité et libertés fondamentales. L'avenir de la surveillance, le rôle accru de la technologie, de l'intelligence artificielle, et la possible privatisation d'une portion croissante de la sécurité, soulèvent d'importantes questions éthiques et sociétales. Ces innovations, tout en étant des outils potentiels pour renforcer notre sûreté, nous confrontent également au spectre d'une dystopie orwellienne, où la vigilance constante deviendrait la norme.

Dix questions, sans réponses définitives, se dressent devant nous, explorant le futur de notre société sous le prisme de la sécurité, de l'éthique et de la technologie. Elles invitent à une réflexion profonde sur le monde que nous souhaitons construire : un équilibre entre sécurité et respect des libertés, une gouvernance inclusive des politiques de sécurité, et une réponse équilibrée aux menaces contemporaines, tout en évitant les écueils d'une surveillance omniprésente.

Ces interrogations sont le point de départ nécessaire à un dialogue continu entre citoyens, législateur, autorités et experts, pour façonner une stratégie de sécurité qui soit non seulement efficace, mais également respectueuse de nos valeurs démocratiques. La leçon peut-être la plus cruciale des Jeux olympiques de 2024 sera d'avoir catalysé ces questions essentielles, nous invitant à réfléchir au type de société dans laquelle nous aspirons à vivre :

Le surplus attendu de technologie, de données numériques, d'intelligence artificielle contribuera-t-il à apaiser notre « sentiment d'insécurité » ? Dans le cas contraire, quels seraient les autres combats à mener pour baisser l'insécurité en France ?

La police municipale (qui répond à l'autorité du maire) va-t-elle effectivement devenir la police de proximité ? Quelles fractures territoriales seront de ce fait créées, suivant les dotations décidées par les maires en question ? Des organismes privés viendront-ils concurrencer ces polices ?

La carte des missions de la police nationale va-t-elle être revue en conséquence de ces évolutions ?

Pourrons-nous concilier le besoin impérieux de sécurité avec le respect intransigeant des libertés individuelles dans un contexte de menace constante ?

Dans quelle mesure la privatisation progressive de la sécurité influencera-t-elle l'égalité d'accès à la protection et à la sûreté pour tous les citoyens ?

Comment les expériences sécuritaires des grands événements, comme les JO avec ses opérations « place nette » ou « zéro délinquance », pourront-elles servir de laboratoire pour les politiques de sécurité urbaine de demain ? Devrons-nous nous habituer à vivre à l'intérieur ou à l'extérieur d'une « bulle » ?

Quelle place le dialogue et la concertation entre les autorités et les populations occuperont-ils dans la conception des stratégies de sécurité publique ?

Face à la montée de la cybercriminalité, quelle sera la réponse des États et des individus pour protéger leur vie privée et leurs données personnelles ?

La lutte contre le terrorisme et les nouvelles menaces pourra-t-elle être repensée pour éviter une approche excessive de la sécurité ? Comment la police prédictive, qui s'annonce déjà comme centrale dans la sécurité du futur, va-t-elle s'insérer dans nos textes de loi ? Arthur Dénouveaux, président de l'association de victimes du terrorisme Life for Paris, réclame pour sa part un

« Grenelle de l'antiterrorisme » dans une tribune publiée par *Le Monde* en décembre 2023, afin de mieux lutter contre la radicalisation.

À quel moment cesserons-nous de faire attention au vrombissement des drones dans le ciel de nos rues et aux QR codes (pardon, aux « laissez-passer ») obtenus sur des plateformes en .gouv.fr ?

# Table

*Composition et mise en pages*
*Nord Compo à Villeneuve-d'Ascq*

CET OUVRAGE
A ÉTÉ ACHEVÉ D'IMPRIMER
SUR ROTO-PAGE
PAR L'IMPRIMERIE FLOCH À MAYENNE
EN AVRIL 2024

N° d'impression : 104770
*Imprimé en France*